पंचतंत्र की कहानियाँ

पंचतंत्र की कहानियाँ

सम्पादक

डॉ० राजेश कुमार

आकाशदीप पब्लिकेशंस

नई दिल्ली–110030

ISBN : 978-81-87775-39-3

प्रकाशक : **आकाशदीप पब्लिकेशंस**
1/1079 ई, महरौली,
नई दिल्ली–110030

संस्करण : 2026

मूल्य : ₹ 495.00

कला सज्जा : विनायक आर्ट स्टूडियो, मेरठ।

शब्द संयोजन : क्रिएटिव कम्प्यूटर प्वाइंट, मेरठ।

मुद्रक : बी० के० ऑफसैट, शाहदरा, दिल्ली–110032

PANCHTANTRA KI KAHANIYAN ***Editing By Dr. Rajesh Kumar***

दो शब्द

विष्णु शर्मा द्वारा रचित 'पंचतंत्र की कथाएँ' पाठकों में आज भी बहुत लोकप्रिय हैं। मनोरंजन, शिक्षा, नीति, बुद्धि और विद्वानता की कहानियों से ओत-प्रोत पंचतंत्र की कहानियाँ हमें अपने जीवन में बहुत कुछ करने तथा सोचने-समझने का बोध कराती हैं। पशु-पक्षियों तथा मनुष्यों को माध्यम बनाकर लेखक ने जीवन में अनेक शिक्षाओं का ज्ञान दिया है।

सरल तथा मनोरंजक भाषा में प्रस्तुत पुस्तक में प्रसिद्ध चित्रकार मुकेश 'नादान' ने अपनी चित्रकारी से कथाओं को और भी सुन्दरता प्रदान की है। अतः हमें आशा ही नहीं अपितु पूर्ण विश्वास है कि यह पुस्तक सभी वर्ग के पाठकों के लिए उपयोगी होगी।

—संपादक

अनुक्रमणिका

जाको राखे सांईया

दक्षिण भारत के एक छोटे से नगर में वर्धमान नामक एक व्यापारी रहता था। व्यापारी ने अपने श्रम और चतुराई से बहुत-सा धन एकत्र कर लिया था। काफी धनवान होने के बावजूद उसे संतोष न था। उसका मानना था कि धन से सन्तुष्ट हो जाना एक अच्छे व्यापारी के लक्षण नहीं–सच्चे व्यापारी का तो कर्त्तव्य है कि वह निरन्तर धन अर्जित करने की दशा में प्रयत्नशील रहे; इस संसार में धन की ही महिमा है। बिना धन के संसार का कोई भी कार्य सम्भव नहीं। धन तो परायों को भी अपना बना देता है, तथा धनहीन होने पर अपने भी पराये हो जाते हैं।

धन की वृद्धि, पर्वतों से निकलकर वसुधा को सिंचित करने वाली नदियों के समान होती है। धन से ही विद्या है, दान है–भोजन करने से इन्द्रियों के समर्थ होने के समान ही, सब कार्य धन से ही सम्भव होते हैं; इसीलिए धन को सर्वसाध्य कहा गया है। धन की कमी से मनुष्य अपने धनहीन जन्मदाता पिता को त्यागकर दूर चला जाता है। धनवान वृद्ध भी बलवान होता है, और धनहीन युवा भी वृद्धावस्था के समान हो जाते हैं।

यह सब विचार करके उसने अधिक धनार्जन करने पर बहुत सोच-विचार किया और अंत में उसके सामने धनवान बनने के छः रास्ते आये–

भीख मांगना, नौकरी-चाकरी करना।

नौकरी-चाकरी करना।

खेती-बाड़ी करना।

विद्यादान, अर्थात् अध्यापक वृत्ति।

साहूकारी, अर्थात् ब्याज पर ऋण देने का धंधा।

व्यापार।

उसने मनन करने पर पाया कि व्यापार ही ऐसा धंधा है जिसमें स्वतंत्रता पूर्वक मनचाहा धन कमाया जा सकता है। शेष अन्य पांच साधनों से, एक तो सीमित धन ही प्राप्त होता है, दूसरे, दूसरों के अधीन रहना पड़ता है—अत: वे सम्मानित साधन नहीं कहे जा सकते।

फिर व्यापारी ने विचार किया कि धन कमाने के व्यापार में भी सात प्रकार के साधन होते हैं–

1. सुगंधित द्रव्य—तेल, इत्र आदि का व्यापार करना।

2. आभूषण आदि बन्धक रखने का धन्धा करना।

3. विदेश से आयात-निर्यात करना।

4. तस्कर व्यापार करना, अर्थात् चोरी-छिपे विदेश को माल भेजना और वहां से मंगवाना।

5. कमीशन एजेण्ट के रूप में कार्य करना, अर्थात् दूसरों की आवश्यकता की वस्तुएं एक से खरीद कर दूसरों को, उनकी मूल भाव पर आपूर्ति करना और अपना निश्चित भाग लेना।

6. ठेकेदारी करना।

7. तोल और भाव में गड़बड़ी करना तथा परिचितों को मूर्ख बनाना।

वर्धमान बनिये ने सोच-विचार कर निर्णय किया कि इन सातों प्रकार के व्यापारों से सुगन्धित द्रव्यों का आदान-प्रदान सबसे अधिक सुरक्षित और निश्चित लाभदायक व्यापार है। एक बार चल पड़े तो इसकी तुलना में सोने-चांदी का व्यापार भी पीछे रह जाता है। इस व्यापार में एक तो व्यापारी को दूसरों की कृपा पर निर्भर नहीं रहना पड़ता, और दूसरे, इसमें उसे किसी प्रकार का कोई जोखिम भी नहीं उठाना पड़ता।

वर्धमान ने उत्तर भारत के व्यापार केन्द्र मथुरा जाने का विचार किया और उस क्षेत्र में अधिक खपत में आने वाले पदार्थों को गाड़ी में लादकर शुभ मुहूर्त में एक काफिले के साथ रवाना हो लिया। उसकी गाड़ी में संजीवक और नन्दक नामक दो बैल जुते हुए थे। दुर्भाग्यवश यमुना के कछार में पहुंचते ही संजीवक नामक बैल दलदल में ऐसा धंसा कि उसने उठने का नाम ही न लिया। फलतः उसके कन्धे से जुआ उतार लिया गया। वर्धमान ने तीन दिन तक उस बैल के उठने की प्रतीक्षा की, परन्तु उसे सफलता न मिली। निराशा ने उसे बहुत ही दुखी और व्याकुल कर दिया। वर्धमान के साथी व्यापारी ने उसको समझाया कि सिंह, व्याघ्र आदि से घिरे इस जंगल में पड़े रहना मूर्खता है। यदि वह कोई दूसरा उपाय नहीं करता तो वे उसे छोड़ कर चल देंगे।

साथियों के विचारों को तर्कसंगत मान कर वर्धमान ने निकट के गांव में जाकर एक और बैल खरीदा और संजीवक को वहीं छोड़कर तथा उसके स्थान पर नये बैल को जोत कर काफिले के साथ चल दिया। संजीवक के प्रति मोह के कारण उसने एक-दो रक्षकों को वहां छोड़ा; परन्तु उन्होंने उस घने जंगल में अकेला रहना संकट से खाली न देखा तो वे वहां से भाग खड़े हुए और दो-चार दिनों में ही काफिले के पास जा पहुंचे। उन रक्षकों ने अपने स्वामी वर्धमान को बताया कि संजीवक ने प्राण त्याग दिये हैं और उन्होंने उसे अपने स्वामी का प्रिय जान कर एक गड्ढा खोदकर उसमें दबा दिया है।

इधर कुछ दिनों तक यमुना के तीर की शीतल और प्राणदायक वायु के सेवन से संजीवक में नवजीवन का संचार हुआ और वह धीरे-धीरे उठ खड़ा हुआ। आस-पास के खेतों की हरी-भरी घास को खाकर वह कुछ ही दिनों में पूर्ण स्वस्थ ही नहीं, अपितु हृष्ट-पुष्ट भी हो गया। अब वह पूरा समय खाली रहने, खाने-पीने की समुचित व्यवस्था होने तथा स्वास्थ्यवर्धक जलवायु के सुलभ होने से उद्धत होकर बल्मीकियों (दीमकों द्वारा बनाये टीलों) को उखाड़ने और दहाड़ने लगा। वस्तुतः जिसे भगवान् बचाना चाहे, उसे भला कौन मार सकता है और इसके विपरीत जिसे भगवान् मारना चाहे तो उसे कोई बचा नहीं सकता-

एक दिन वन में रहने वाला पिंगलक नामक सिंह अपने सेवकों के

साथ अपनी प्यास बुझाने के लिए यमुना के उसी कछार में आया और उसने संजीवक की बड़ी ऊंची और दिल को दहला देने वाली दहाड़ को सुना तो उसे वह दहाड़ आज तक सुने पशुओं की आवाज से बिलकुल अलग तथा कानों को भेदने वाली लगी। सिंह मन ही मन डर गया। वह सिंह यद्यपि काफी प्यासा था, यहां तक कि प्यास के मारे उसकी जीभ तालु से चिपक गई थी, परन्तु फिर भी वह अपनी प्यास को बुझाने के लिए कोई खतरा मोल लेना नहीं चाहता था। अत: वह बिना प्यास बुझाये, अपने सेवकों से बहाना करके वापस लौट आया और एक वृक्ष के नीचे चिन्तित मुद्रा में बैठ गया।

पिंगलक सिंह के करटक और दमनक नाम वाले अपने दो मन्त्रियों को उनके पद से हटा दिया था। वे दोनों अपने पद की पुन: प्राप्ति की आशा में उपयुक्त अवसर की प्रतीक्षा में अपने राजा के आस-पास मंडराते रहते थे। उन दोनों ने सिंह को बिना प्यास बुझाये लौटा और चिन्तित मुद्रा में बैठे हुए देखा तो अनुमान लगाया कि अवश्य वह किसी भयंकर विपत्ति का शिकार हो गया है। दमनक ने करटक से सिंह की व्याकुलता की चर्चा की तो करटक ने उसे अनधिकार चेष्टा न करने की सलाह दी। दमनक को समझाते हुए करटक ने कहा कि अब हम राजा की सेवा में नहीं हैं। राजा सम्पत्ति से सम्पन्न हो अथवा विपत्ति से ग्रस्त हो, हमें क्या अन्तर पड़ता है। बिना प्रयोजन के किसी कार्य में प्रवृत्त होने वाला व्यक्ति कील को उखाड़ने के रूप में अपनी मृत्यु को निमन्त्रण देने वाले वानर के समान विनाश को प्राप्त होता है।

दमनक के अनुरोध पर करटक बोला—

OOO

अकार्य का कार्य

किसी एक धर्मात्मा सेठ ने किसी महात्मा के कहने पर धर्म और पुण्यलाभ करने की इच्छा से नगर के बाहर एक भव्य मन्दिर बनवाना प्रारम्भ किया। चिनाई और पलस्तर का काम पूरा हो चुका था और लकड़ी का काम चल रहा था। तरखान लोग एक पेड़ को बड़े आरे से चीर रहे थे कि सायंकाल हो जाने से अंधेरा हो गया। तरखानों ने दो चिरे भागों के बीच में एक मोटी लकड़ी फंसा दी, ताकि चिरे भाग अलग-अलग बने रहें और दूसरे दिन आगे की चिराई की जा सके। उन्होंने अपनी आरी निकाल ली और घर की राह पकड़ी।

तरखानों और मजदूरों के अपने कार्यस्थल से चले जाने के पश्चात इधर-उधर घूमता हुआ वानरों का एक झुण्ड संयोगवश वहां आ पहुंचा। सारे वानर उस आधे-अधूरे बने मन्दिर की छत, फर्श और दीवारों पर उछल-कूद करने लगे। उन वानरों में से एक वानर उस अधचिरे सूखे वृक्ष पर आकर बैठ गया और अपनी सहज चंचलतावश दो पाटों के बीच में धंसी-फंसी लकड़ी को खींच कर बाहर निकालने का प्रयास करने लगा। झुण्ड के मुखिया ने अपने ढंग से उस चपल वानर को समझाने का प्रयास किया, परन्तु उस पर कोई असर नहीं हुआ और वह पहले की तरह लकड़ी को खींचने के लिए जोर लगाता रहा। उसकी पूंछ दोनों पाटों के

बीच लटक रही थी। ज्यों ही बीच की लकड़ी बाहर आई, त्यों ही दोनों पाटों के सट जाने से वानर की पूंछ भिंच गयी और वह तत्काल मृत्यु का ग्रास बन गया।

इस कहानी को सुना कर करटक बोला–मित्र! व्यर्थ के कार्य में प्रवृत्त होने से व्यक्ति की दुर्दशा होती है। हमें अपने राजा से बचा-खुचा भोजन मिल ही जाता है और वह हमारी भूख मिटाने के लिए पर्याप्त होता है, फिर हमें व्यर्थ के बखेड़े में पड़ने की क्या आवश्यकता है?

करटक के कथन को सुन कर दमनक निराश स्वर में बोला–मित्र! लगता है कि आप केवल खाने के लिए ही जीते हो, परन्तु मैं इसे सही दृष्टिकोण नहीं मानता। मेरे विचार में तो उसी प्राणी का जीना भला है जो दूसरों के लिए जीता है। अपने लिए जीने से तो न जीना और मर जाना ही अच्छा है। मित्र! पेट को कव्वा भी भर लेता है, परन्तु जरा सोचो, भला उसके जीवन का क्या महत्त्व है? अपने लिए जीने वाले की अपेक्षा तो नदी में डूबते का सहारा बनने वाला नदी के तट पर उगा तिनका ही अच्छा है।

करटक ने कहा–मित्र! जरा यह भी तो सोचो कि इस समय हम राजा द्वारा पदच्युत किये जा चुके हैं, अतः हमारा आजकल कोई महत्त्व ही नहीं। ऐसी स्थिति में हमारे कथन को कोई गौरव देगा, इसका कोई भरोसा नहीं।

अधिकार-भ्रष्ट होने पर भी जो मूर्ख बिना राजा द्वारा पूछे उसे सलाह देने का प्रयास करता है, वह न केवल राजा द्वारा अपमानित होता है, अपितु दूसरे लोगों के उपहास का पात्र भी बनता है। दरबारी लोग उस पर फब्तियां कसते हैं।

दमनक ने कहा–मित्र! तुम्हारा विचार गलत है। वास्तविकता यह है कि राजा की सेवा करने वाला छोटा आदमी भी महत्त्वपूर्ण बन जाता है और राजा से दूर रहने वाला महत्त्वपूर्ण व्यक्ति भी धीरे-धीरे अपना महत्त्व खो बैठता है। राजाओं के विषय में तो कहा गया है--

राजा लोग अपने समीप रहने वाले व्यक्ति को ही अपना कृपापात्र और अपना विश्वासपात्र बना लेते हैं। भले ही वह व्यक्ति मूर्ख, छोटे कुल

से सम्बन्धित और असभ्य ही क्यों न हो। वस्तुतः राजाओं का यह स्वभाव होता है कि वे लताओं के समान समीप और सहज उपलब्ध को लिपट जाते हैं। जिस प्रकार लताएं अपने सहारे के लिए समीप के जिस किसी वृक्ष (आम, कीकर, बड़ आदि) से लिपट जाती हैं, जिस प्रकार स्त्रियां किसी के भी साथ रहने वाले अनुरक्त हो जाती हैं, उसी प्रकार राजा लोग भी अपने से मिलते-जुलते रहने वालों को अपना लेते हैं।

मित्र! राजा की सेवा का अवसर गंवाना तो अपने दुर्भाग्य को न्यौता देना है। यह तो सभी जानते हैं कि राजा का आश्रय पाकर ही विद्वान, कलाकार, नीतिकुशल तथा वैज्ञानिक प्रसिद्धि प्राप्त करने में और अपने गुणों का विकास करने में सफल हो सकते हैं। जब तक किसी को राज्याश्रय नहीं मिलता, तब तक उसके गुण की ओर किसी का ध्यान नहीं जाता। अतः यह अवसर नहीं खोना चाहिए। इस समय हमारा स्वामी विपत्ति में है। वह और उसके सभी अनुयायी भी इतने अधिक भयभीत हैं कि प्यास के दुःख को सहन कर रहे हैं परन्तु प्यास बुझाने के लिए नदी-तट पर जाने का साहस नहीं जुटा पा रहे हैं। मैं अपने स्वामी पिंगलक के पास जाकर उसके भय का कारण जानने और उसे दूर करने का प्रयास करूंगा। यदि मैं अपने प्रयास में सफल हुआ तो हमें अपना खोया मंत्री का पद पुनः पाने में देर नहीं लगेगी।

करटक ने अधिक वाद-विवाद करना उचित न समझ कर केवल इतना ही कहा-मित्र! मैं तुम्हारी मंगल-कामना करता हूं और भगवान से तुम्हारी सफलता की प्रार्थना करता हूं। साथ ही तुम्हें भी सावधान करता हुआ कहता हूं कि राजाओं का स्वभाव सर्प जैसा होता है। वे मन्त्र से ही वश में होते हैं। अतः सावधानी बरतना, तुम्हारे व्यवहार की सफलता पर ही हमारा भविष्य निर्भर करता है।

दमनक ने अपने मित्र को यह कह कर आश्वस्त किया कि उसने पालने में ही अपने पिता से राजनीति की शिक्षा ली है और उसे विश्वास है कि वह इस अवसर का लाभ उठाने में सफल रहेगा। यह कह कर दमनक अपने स्वामी पिंगलक की ओर चल पड़ा।

द्वारपाल के माध्यम से दमनक ने पिंगलक को अपने आने और

दर्शन कराने की इच्छा से अवगत कराया और फिर अनुमति मिलने पर वह स्वामी की सेवा में उपस्थित हुआ।

दमनक ने स्वामी को देखते ही आदरपूर्वक उन्हें प्रणाम किया और कुशल-मंगल पूछने के उपरान्त वह एक ओर चुपचाप बैठ गया।

पिंगलक ने दमनक के प्रति स्नेह दिखाते हुए उसे बहुत दिनों के बाद दिखाई देने के लिए उलाहना दिया और उससे उसका कुशल-मंगल पूछा। दमनक ने विनम्र स्वर में आभार प्रकट करते हुए कहा--स्वामिन्! जब आपने हमें अपने पद से हटा दिया तो निश्चित है कि आप हमारे किसी अपराध के कारण हमसे क्रुद्ध हैं। इस स्थिति में हम आपको अपना मुख दिखा कर आपके क्रोध को भड़काना नहीं चाहते हैं और आप फिर हमें स्मरण करेंगे तो हम उसी समय आपकी सेवा में उपस्थित हो जायेंगे।

दमनक की विनम्रता से पिंगलक द्रवित हो उठा और बोला--

जब दांत में अटकी वस्तु को निकालने के लिए और कान की खुजली को मिटाने के लिए राजा तक को तिनके की आवश्यकता पड़ती है तो फिर हाथ-पांव और वाणी रखने वाले मनुष्य के महत्त्व का तो कहना ही क्या है? तुम लोग तो वंश परम्परा से चले आ रहे हमारे पुराने मन्त्री हो, तुम्हें हमसे इस प्रकार दूर-दूर नहीं रहना चाहिए।

दमनक ने कहा--राजन! आप विश्वास रखें कि मैं समर्थ भी हूं और आपके प्रति समर्पित भी हूं। फिर भी आपने बिना सोचे-समझे, दूसरों के कहने में आकर हमें निकाल दिया। इससे हमारे मन में यह बात घर कर गई कि आप अपने विवेक से काम नहीं करते। यह देखकर हमने दूर रहना ही उचित समझा।

पिंगलक ने कहा--पिछली बातों को छोड़ो। तुम हमारे मन्त्री के पुत्र हो, इससे मैं तुम्हारा स्वागत करता हूं। इस समय यदि तुम किसी विशेष प्रयोजन से आये हो तो अपनी बात कह सकते हो।

दमनक ने कहा--महाराज! मुझे आपसे कुछ आवश्यक कहना है परन्तु मैं सब के सामने नहीं कहूंगा, क्योंकि राजा और मन्त्री का चिन्तन किसी अन्य के कान में पड़ते ही रहस्य नहीं रह पाता और गुप्त न रह पाने से योजना सफल नहीं हो पाती। अत: मैं आपसे एकान्त में बात करना

चाहता हूं। पिंगलक के संकेत से सभा में उपस्थित अधिकारी जब बाहर चले गये, तब दमनक ने पिंगलक के कान के पास अपना मुंह ले जाकर धीमे स्वर में कहा—आप जल पीने के लिए नदी-तट पर जाकर बिना जल पिये क्यों लौट आये हैं?

पिंगलक ने टालने की इच्छा से उत्तर दिया—कोई बात नहीं, जल पीने की इच्छा नहीं थी। अतः नदी-तट पर जाना ही नहीं हुआ। दमनक ने कहा—महाराज। आप दाई से पेट छिपा रहे हैं। यदि आपको मुझ पर विश्वास नहीं है और आप मुझे कुछ बताना नहीं चाहते तो कोई बात नहीं, रहने दीजिये। मैं तो इसलिए पूछ रहा था कि यदि सम्भव हो तो मैं आपके किसी काम आ सकूं।

पिंगलक ने सोचा—सम्भव है कि यह उपस्थित संकट के निवारण में सहायक बन सके, अतः इसे सत्य से परिचित करा ही देना चाहिए। यदि इसे बताने से लाभ न भी हुआ तो भी हानि तो कोई नहीं होगी।

इस प्रकार सोच-विचार कर पिंगलक ने दमनक से कहा—पिंगलक! दूर से आती इस गम्भीर ध्वनि को सुन रहे हो? लगता है कि इस वन में कोई नया अनोखा जीव आ गया है। जिसकी आवाज ऐसी भयंकर है, न जाने उसका स्वरूप और पराक्रम कैसा होगा? मैंने तो इस वन को छोड़ कर किसी दूसरे वन में जाने का निश्चय किया है।

दमनक ने गम्भीरता से कहा—महाराज! केवल शब्द सुनकर ही आपने अपने पैतृक वन को छोड़ने जैसा बड़ा फैसला कर लिया ? क्या आप जैसे शूरवीर और धीर-धनी राजा को इस प्रकार साहस को छोड़ना शोभा देता है? विपत्ति काल में ही तो धैर्य की परीक्षा होती है। शब्द मात्र से इस प्रकार भयभीत होना तो सर्वथा अनुचित है। पूर्वकाल में एक गीदड़ भी इस प्रकार अजनबी आवाज को सुन कर डर गया था, परन्तु जब वह साहस जुटा कर सत्य को जानने में प्रवृत्त हुआ तो उसे ज्ञात हुआ कि आवाज करने वाला तो लकड़ी और चमड़े से बिना निर्जीव दमामा था। इस वृत्त को सुनाने के पिंगलक के अनुरोध पर दमनक बोला—

ooo

भय का भ्रम

एक समय गोमायु नामक एक भूखा-प्यासा गीदड़ भोजन की तलाश में इधर-उधर भटक रहा था कि उसने देखा कि युद्ध के लिए जाते सैनिकों ने अपने बहुमूल्य सामान के साथ एक नगाड़ा भी घने वृक्ष की शाखाओं के भीतर छिपा दिया। संयोगवश नगाड़ा शाखाओं से खिसक कर नीचे लटक गया और हवा के चलने पर वृक्ष की टहनियों का आघात होने से रह-रह कर बजने लगा।

इस आवाज को सुनकर समीप में ही किसी भयंकर राक्षस की उपस्थित का अनुमान कर गोमायु नामक गीदड़ भय से कांपने लगा। अपनी मृत्यु को निकट और निश्चित जानकर एक बार तो उसके हाथ-पांव ही फूल गये। पहले तो उसने सोचा कि हिम्मत करके यहां से यथाशीघ्र दूर भाग जाऊं, परन्तु फिर उसके दिमाग में यह विचार कौंधा कि जब एक दिन.मरना ही है तो फिर इतना भी क्या डरना। जरा सत्य का पता तो लगा लूं कि आखिर ऐसा मधुर और प्यारा तथा साथ ही डरावना शब्द किस जीव का है?

इस प्रकार निश्चय करके गोमायु उस शब्द का पीछा करने लगा। नगाड़े के पास पहुंच कर उसने छिप कर देखा कि जब वायु चलती है, समीप की झाड़ियों की टहनियां हिलने से नगाड़े से टकराती हैं तो उसकी

थाप से आवाज निकलती है। जब हवा रुक जाती है तो आवाज बन्द हो जाती है। गोमायु ने बड़ी सावधानी से इधर-उधर देख कर निश्चय कर लिया कि इसके पीछे कोई व्यक्ति ही है। अब वह निश्चिन्तता और विश्वास के साथ उस नगाड़े के पास पहुंच गया और उसे बजाने लगा। नगाड़े में लगे चमड़े को देख कर वह प्रसन्न हो रहा था कि उसके भोजन की खोज सफल हो गई। उसने सोचा कि इसके भीतर रक्त-मांस और मज्जा आदि भी होंगे, परन्तु आतुरता से नगाड़े के फाड़ने पर उसे निराशा हाथ लगी, क्योंकि वहां तो लकड़ी के खोल के सिवाय और कुछ भी नहीं था।

इस कहानी को सुना कर दमनक बोला—महाराज ! इसी से मैं कहता हूं कि शब्द को सुनने मात्र से ही आपका इस प्रकार से भयभीत होना उचित नहीं है। आपके सेवक भी फिर आपका ही तो अनुसरण करेंगे। आप यदि मुझे अनुमति दें तो मैं शब्द करने वाले जीव के सम्बन्ध की सारी जानकारी प्राप्त कर आपसे भेंट करता हूं। इसके उपरान्त आप जो

भी उचित समझें, करें। पैतृक वन को छोड़ने के अपने अन्तिम निर्णय को कार्यरूप देने से पूर्व मुझे वास्तविकता को जानने का एक अवसर देने की कृपा अवश्य करें, यही आपसे मेरी प्रार्थना है।

पिंगलक ने कहा–तुम अपना जीवन खतरे में क्यों डालना चाहते हो? दमनक बोला–स्वामिन्! पीढ़ियों से आपका नमक खाया है। यदि मेरा शरीर आपके किसी काम आ सके तो मैं इसे अपना सौभाग्य मानूंगा।

दमनक की स्वामिभक्ति पर मुग्ध होकर पिंगलक ने उसकी मंगलकामना करते हुए उसे जाने की अनुमति दी और सफल होकर लौटने का अनुरोध किया।

दमनक के चले जाने पर पिंगलक ने सोचा कि मैंने दमनक को अपने मन की बात बता कर उचित नहीं किया। मैंने उसे अपने यहां से अपमानित करके निकाल रखा है। अब वह बदला लेने के लिए कोई भी चाल चल सकता है। चलो, अब जो होना था वह तो हो ही गया, अब मुझे आगे की सोचनी चाहिए। इस प्रकार सोच-विचार में पड़ा पिंगलक एक सुरक्षित स्थान पर चला गया और वहां सावधानी से बैठ कर पिंगलक के लौटने की प्रतीक्षा करने लगा।

इधर दमनक सीधा नदी-तट पर गया और उसने दूर से संजीवक को देख कर निश्चय कर लिया कि पिंगलक के भय का कारण बना यह संजीवक एक साधारण बैल है। उसने मन में तत्काल निश्चय किया कि मुझे बड़ी गहरी चाल चलनी चाहिए और विश्वासपात्र बन कर अपना अपमान करने वाले स्वामी को ऐसा पाठ पढ़ाना चाहिए कि उसकी पीढ़ियां तक याद रखें। सोच-विचार करने के उपरान्त दमनक ने संजीवक की पहले पिंगलक के साथ मित्रता कराने की और फिर दोनों में फूट डलवा कर उन दोनों का एक साथ सर्वनाश करने की योजना सुनिश्चित कर ली। दमनक यह भी भली प्रकार जानता था–

जिस प्रकार स्वस्थ और रोगरहित व्यक्ति वैद्य की परवाह नहीं करता, व्यक्ति किसी रोग के उत्पन्न होने पर ही वैद्य की आवश्यकता और महत्ता को अनुभव करता है, उसी प्रकार किसी प्रकार के संकट के न होने पर राजा लोग भी मन्त्रियों की परवाह नहीं करते। संकट उपस्थित होने पर

ही उन्हें मन्त्रियों का स्मरण हो जाता है। अत: बुद्धिमान मन्त्री वही है जो राजा को ऐसी सलाह दे जो दूसरों के लिए शिक्षाप्रद सिद्ध हो।

इस प्रकार सारी स्थिति का भली प्रकार विश्लेषण करके दमनक, पिंगलक की ओर चल पड़ा। पिंगलक ने अपने मन के भय और दौर्बल्य को छिपाते हुए और अनिश्चिन्तता का अभिनय करते हुए दमनक का स्वागत किया और उसके बैठ जाने पर उससे उस जीव के सम्बन्ध में पूछा तो दमनक ने दृढ़ स्वर में उत्तर दिया–महाराज! मैंने उसे देखा ही नहीं, अपितु उससे भेंट की है। राजा को विश्वास नहीं आया। अत: सत्य को सुनिश्चित करने के लिए उसके पुन: पूछने पर दमनक बोला–महाराज! राजा और देवता के सामने थोड़ा-सा भी झूठ बोलने वाला बड़े से बड़ा व्यक्ति भी तत्काल नष्ट हो जाता है।

पिंगलक ने पूछा–तो क्या तुमने सचमुच उसे समीप जाकर देखा है? मुझे लगता है कि तुम्हारी विनम्रता के कारण उसने तुम्हारा अहित नहीं किया है। दमनक ने कहा–महाराज! यह सत्य है और मैं आपको आश्वासन दे सकता हूं कि यदि आप चाहें तो मैं उसे एक सेवक के रूप में आपकी सेवा में उपस्थित कर सकता हूं। पिंगलक ने अविश्वास प्रकट करते हुए कहा–यदि तुम यह कर सके तो मैं तुम्हें पुन: मन्त्रीपद पर नियुक्त कर दूंगा।

पिंगलक ने आश्वासन पाकर दमनक संजीवक के पास आया और उसे अधिकार के स्वर में डांटते हुए बोला–दुष्ट! किसकी अनुमति से तुम शोर मचा कर दूसरे जीवों की सुख-शान्ति को भंग कर रहे हो? यदि महाराज सिंह पिंगलक को तुम्हारी उद्धतता का पता चल गया तो वे तुम्हें कच्चा चबा जायेंगे। इससे पहले कि तुम्हारी शिकायत उनके कानों तक पहुंचे और वे तुम्हें बुलवा भेजें, तुम स्वयं ही मेरे साथ इस वन के राजा सिंह के पास चलकर उनसे क्षमा-याचना कर लो। यदि तुम्हें इस वन में जीवित रहना है तो तुम्हें मेरे साथ चल कर अभयदान की प्रार्थना करनी ही पड़ेगी, अन्यथा तुम्हारी मृत्यु निश्चित ही है।

संजीवक ने भयभीत होकर दमनक से विनीत स्वर में सहायता करने की प्रार्थना की। दमनक ने स्थिति का लाभ उठाते हुए भीतर से प्रसन्न और

बाहर से गम्भीर बन कर कहा–ठीक है। मैं अपनी ओर से तुम्हारे बचाव का पूरा प्रयास करूंगा।

दमनक अपने साथ संजीवक को लेकर पिंगलक की ओर चल पड़ा। पिंगलक के महल के बाहर संजीवक को प्रतीक्षा के लिए बिठा कर दमनक भीतर चला गया। दमनक पिंगलक के समीप जाकर औपचारिक शिष्टाचार के उपरान्त बोला–महाराज! वह कोई सामान्य जीव न होकर भगवान् शंकर का वाहन महावृषभ नन्दी है। वह कहता है कि उसे तो भगवान् शंकर ने यमुना के इस कछार की कोमल घास को खाने का आदेश दिया है। उसका यह भी कहना है कि भगवान शंकर ने ही उसे इस वन का अधिकार प्रदान किया है।

पिंगलक ने भयभीत होकर कहा–यह फिर सचमुच ही देव-जीव हुआ! तभी तो वह इस प्रकार निर्भय होकर गरजता और घूमता-फिरता है। अच्छा तो फिर उसकी बात को सुनकर तुमने क्या किया? दमनक बोला–महाराज! मैंने उसे कहा कि हमारे महाराज पिंगलक भी चण्डिका देवी के वाहन हैं और स्वयं भगवती ने उन्हें इस वन का राज्य सौंपा है। यदि आप देवी के वरदान को आदर देते हुए अतिथि रूप में रहना चाहते हैं तो आपका स्वागत है। आप निश्चिन्त होकर जब तक जी चाहे यहां रहिये और यहां का जल पीकर और अन्न खाकर हमें कृतार्थ कीजिए। परन्तु इसलिए तुम्हें हमारे स्वामी से पहले भेंट करके उनसे अनुमति प्राप्त करनी होगी। संजीवक ने मेरा सुझाव मान लिया है और मेरे साथ आपसे भेंट करने की प्रतीक्षा में बाहर बैठा है।

पिंगलक ने दमनक के बुद्धिबल की प्रशंसा की और संजीवक को उपस्थित करने का आदेश दिया। दमनक तत्काल बाहर आकर संजीवक से बोला–देखो! मैंने स्वामी से तुम्हारे लिए अभयदान मांग लिया है। अब तुम दोनों में मित्रता हो जायेगी। समय बीतने पर मेरे इस उपकार को भूल मत जाना। राजा का विश्वास प्राप्त कर मदोन्मत्त होकर राजकर्मचारियों की उपेक्षा करने वाला अधिकारी दन्तिल सेठ की तरह सम्मान-प्रतिष्ठा को खोकर सबकी दृष्टि में पतित हो जाता है। संजीवक की जिज्ञासा पर उसे दन्तिल सेठ की कहानी सुनाता हुआ दमनक बोला–

OOO

राजा का शक

वर्धमान नगर में आभूषणों का व्यापारी दन्तिल सेठ रहता था। उसने अपने लोकहित के कार्यों से प्रजा का मन जीत लिया था और उसकी ख्याति राजा तक पहुंच गई थी। राजा ने उसके व्यवहार पर प्रसन्न होकर उसे अपने निवास में आने-जाने की छूट दे रखी थी। अत: जिस रानी को जब कभी कोई आभूषण बनवाना होता तो उसे बुलाया जाता। इस प्रकार रनिवास में उसे आने-जाने की मिली छूट से नगर में उसका सम्मान बहुत अधिक बढ़ गया था।

एक बार दन्तिल सेठ ने अपनी कन्या के विवाह के अवसर पर नगर के सभी प्रतिष्ठित लोगों, राजपरिवार के सदस्यों और राजकर्मचारियों को बुलाया। दन्तिल सेठ ने खाने-पीने के बाद लौटते समय भी सम्मानित अतिथियों को बहुमूल्य उपहार दिये। गोरम्भ नाम का एक नौकर भी रानियों के साथ आया था। वह रनिवास में नारियों के बिस्तर लगाने और झाड़-पोंछ करने का कार्य करता था। रानियों के साथ आये उस सेवक की किसी ने बात न पूछी। उसने जब दन्तिल से उसके सेवकों के दुर्व्यवहार की शिकायत की तो सेठ के साथ खड़े उसके कर्मचारी ने धक्का देकर गोरम्भ को बाहर निकाल दिया।

गोरम्भ दुखी मन से घर लौट आया और उसने सारी रात करवटें

बदलते हुए काटी। आखिर उसे सेठ से बदला लेने का उपाय सूझ गया और वह उपयुक्त समय की प्रतीक्षा करने लगा।

एक दिन प्रात:काल गोरम्भ ने राजा को अर्धनिंद्रा की अवस्था में देखा तो बड़बड़ाते हुए बोला—दन्तिल सेठ का यह दुस्साहस की रानी का आलिंगन करे! राम-राम! क्या समय आ गया है? जिस थाली में खाना उसी में छेद करना। राजा ने सचेत होकर पूछा—गोरम्भ! यह क्या बक रहे हो? क्या सचमुच दन्तिल रानी का आलिंगन करता है? गोरम्भ ने भयभीत होने का अभिनय करते हुए कहा—महाराज! मैंने तो ऐसा कुछ नहीं कहा। क्या मेरे मुंह से कुछ ऐसा निकला है?

राजा ने सोचा—लगता है कि गोरम्भ के मुख से सत्य निकल गया है, परन्तु अब यह डर के कारण सत्य को छिपा रहा है। इसे या तो रानी का डर है या फिर दन्तिल सेठ ने इसे घूस दी है। दाल में कुछ काला अवश्य है। बात यह है कि स्त्रियों का भरोसा ही क्या? इनकी तो आदत ही ऐसी है कि बोलती किसी से हैं और आंखें किसी दूसरे की ओर मटकाती हैं, फिर अपना मन किसी और को दे देती हैं। पुरुषों से खेलना तो इनका स्वभाव है। इन्हें एक समय एक प्रिय है तो दूसरे समय कोई और प्रिय हो जाता है।

यह सब सोचकर राजा अपनी रानी के दन्तिल सेठ के साथ सम्बन्धों पर सन्देह करने लगा और उसने बात को आगे न बढ़ने देने की इच्छा से दन्तिल के रनिवास में निर्बाध प्रवेश के आदेश को वापस ले लिया।

दन्तिल सेठ ने अपने प्रति राजा के व्यवहार में आये परिवर्तन के कारण को ढूंढ़ने की बहुत चेष्टा की, परन्तु उसे कुछ समझ न आया। इधर गोरम्भ दन्तिल सेठ को चिढ़ाने की तमन्ना से उधर से गुजरा तो सेठ को उसके अपमान की बात याद आ गई और उसने गोरम्भ को अपने घर ले जाकर अपने व्यवहार के लिए खेद प्रकट किया और वस्त्र-आभूषण आदि उपहार में देकर उसे सम्मानित किया। सेठ को उसका गौरव उसे वापस दिलाने का आश्वासन देकर गोरम्भ घर लौट आया।

दूसरे दिन प्रात:काल जब राजा अर्धनिंद्रित अवस्था में था तो गोरम्भ बड़बड़ाते हुए बोला—हमारे महाराज को देखो, मलत्याग करते समय

ककड़ी खाते हैं। राजा ने तत्काल गोरम्भ को डांटते हुए कहा—यह क्या बक रहे हो? गोरम्भ ने भोलेपन से पूछा—महाराज! क्या मैंने कुछ कहा है? उसकी बात को सुन कर राजा ने सोचा, मैंने अपने जीवन में मलत्याग करते समय कभी कुछ नहीं खाया और यह मेरे विषय में मनगढ़न्त बकवास कर रहा है। लगता है कि रानी और सेठ के आलिंगन की इसकी बकवास भी कोरा झूठ है। यह सब सोच-समझ कर राजा ने दन्तिल को पुनः रनिवास में निर्बाध की अनुमति दे दी।

दन्तिल और गोरम्भ की इस कथा को सुनाकर दमनक बोला—संजीवक बन्धु! महाराज पिंगलक से मित्रता हो जाने पर मुझे भूल न जाना और कभी मेरी उपेक्षा करने की चेष्टा न करना। इस तथ्य को सदैव स्मरण रखना कि जो मित्रता करा सकता है, वह सम्बन्धों में दरार भी डलवा सकता है।

संजीवक ने दमनक के कथन को शत-प्रतिशत सत्य और उपयोगी मानते हुए उसे उसकी सीख को अपनी गांठ बांधे रखने और उस पर आचरण करने का विश्वास दिलाया।

संजीवक का आश्वासन पाकर दमनक उसे पिंगलक के पास लाकर बोला—देव! मेरे कहने पर शिवजी का यह महाबली वाहन आपके पास आने को सहमत हुआ है। अब आप जैसा उचित समझें, करें।

संजीवक ने पिंगलक को प्रणाम किया और उस वन में अपने आने, वर्धमान व्यापारी के गाड़ी में जुतने, भारी बोझ से थक कर गिरने और निश्चेष्ट होने पर वर्धमान द्वारा छोड़ कर चले जाने तथा वहीं की स्वच्छ वायु के प्रभाव से स्वस्थ होने आदि की सारी कहानी यथातथ्य (ज्यों-की-त्यों) रूप में सुना दी।

संजीवक के सत्य कथन पर प्रसन्न होकर पिंगलक ने उसे अभयदान देते हुए प्रबोधित किया कि यह वन जहां एक ओर सुन्दर और राज्य से सम्पन्न है, वहीं दूसरी ओर मांसाहारी भयंकर जीवों से भी भरा पड़ा है। तुम शाकाहारी जीव हो, खूब मजे से इधर-उधर घूमो-फिरो और पेट भर कर खाओ-पिओ, परन्तु मुझसे अलग होकर दूर मत जाओ, नहीं तो किसी मांसाहारी जीव की दृष्टि पड़ जाने पर प्राणों से हाथ धो बैठोगे।

संजीवक को आश्वस्त कर पिंगलक ने राज्य का सारा भार दमनक और करटक को सौंप दिया। उसके उपरान्त पिंगलक ने अपने अनुयायियों के साथ यमुना-तट पर जाकर अपनी प्यास बुझाई तथा जी भरकर जल विहार किया।

संजीवक ने अपने बुद्धिबल से पिंगलक को इस प्रकार मुग्ध कर दिया कि वह उसके निर्देश से हिंसा को छोड़ कर अहिंसक बन गया। अब वह संजीवक के साथ शाकाहार से अपना पेट भरने लगा। संजीवक अब पिंगलक का इतना अधिक और गहरा विश्वासपात्र बन गया कि पिंगलक अपने सभी गुप्त रहस्यों और योजनाओं के सम्बन्ध में संजीवक के साथ ही एकान्त में मन्त्रणा करता था और उसी के मन्तव्य को गौरव देता था। कुछ ही दिनों में यह प्रवृत्ति इस प्रकार परम्परा का रूप ग्रहण कर गई कि दमनक और करटक अपने को उपेक्षित अनुभव करने लगे। वे नाममात्र के ही मन्त्री बन कर रह गये।

पिंगलक के शाकाहारी हो जाने का दुष्परिणाम यह हुआ कि उसके अनुयायियों को मांस मिलना बन्द हो गया। शेर द्वारा शिकार करने और उसके खाने से बचे-खुचे मांस पर जीने वाले जीव जीभ लपलपाने लगे। यहां तक कि पिंगलक के प्रति अनुरक्त जीव भी उसकी इस प्रवृत्ति से असन्तुष्ट रहने लगे।

जिस प्रकार सूखे और फलहीन वृक्ष के विशाल होने पर भी पक्षी उसे छोड़ कर चल देते हैं, उसी प्रकार स्वामी के कुलीन और गुणवान् होने पर भी वृत्ति (भोजन) न दे पाने पर समर्पित और स्वामिभक्त सेवक भी उसे छोड़ने को विवश हो जाते हैं। इसके विपरीत अपने आश्रितों का भली प्रकार भरण-पोषण करने वाले द्वारा डांट-फटकार किये जाने पर भी सेवक उससे चिपके रहते हैं।

अपने स्वामी पिंगलक की कृपा से वंचित और प्रतिदिन आधे पेट सोने को विवश दमनक ने करटक से कहा—मित्र! इस समय हमारा स्वामी पिंगलक दुष्ट संजीवक की मुट्ठी में है और उसके सिवाय किसी की कोई परवाह नहीं करता। उसके कितने अनुयायी उसे छोड़ कर चले गये हैं, इसकी भी उसे कोई चिन्ता नहीं। इस समय तुम्हारे विचार में हमें क्या

करना चाहिए? करटक ने कहा–मेरा विचार तो यह है कि पिंगलक से इस सम्बन्ध में खुलकर बात करनी चाहिए। महात्मा विदुर ने कहा है कि राजा भले ही मन्त्रियों की बात पर ध्यान न देता हो, फिर भी मन्त्रियों का कर्तव्य है कि अपने स्वामी राजा को एक बार तो उचित-अनुचित की पूरी जानकारी करा दें। इससे परिणाम के भयंकर होने पर उन्हें कोई दोष नहीं देता। बुरा न मानो तो वास्तव में घासखोर और मांसखोर की मित्रता करा कर तुमने गलती ही की है। जब दो भिन्न प्रकृति के प्राणी मित्र बने हैं तो दोनों को कुछ-न-कुछ अपने में बदलाव लाना ही था, अर्थात् या तो घासखोर, मांसखोर बनता या फिर मांसखोर, घासखोर बनता है। विजय घासखोर की हुई है। उस सारे प्रकरण में गलती तुम्हारी ही है।

दमनक ने कहा--मित्र! तुम ठीक कहते हो। जिस प्रकार अपनी मूर्खता के कारण शृंगाल दो मेषों के युद्ध में मारा गया, देव शर्मा आषाढ़भूति के हाथों अपना धन लुटा बैठा और दूतिका जुलाहे के हाथों से अपनी नाक कटवा बैठी, उसी प्रकार हमने भी अपने पैरों पर आप ही कुल्हाड़ी मारी है।

करटक की उत्सुकता पर उसे इन दोनों-- शृंगाल की मृत्यु, आषाढ़भूति के हाथों में साधु की सम्पत्ति का चला जाना तथा दूतिका की कथाओं को सुनाता हुआ दमनक बोला–

OOO

धूर्त स्त्री

एक नगर के बाहर एकान्त प्रदेश में संन्यासियों का एक मठ था। उस मठ में देव शर्मा नामक एक संन्यासी रहता था। इस संन्यासी ने अपने वाक् चातुर्य से बड़े-बड़े महाजनों को उल्लू बना कर उनसे बहुत धन ऐंठ लिया था। वह अपनी सारी जमा पूंजी को एक पोटली में बांध कर अपनी छाती से लगाये रहता था। इस सम्बन्ध में वह अपने किसी मित्र, साथी अथवा शिष्य पर विश्वास नहीं करता था। वह जानता था कि धन को जोड़ना जितना कठिन है, उसका विनाश उतना ही सरल है।

आषाढ़भूति नामक एक धूर्त को देव शर्मा के पास भारी सम्पत्ति के होने का पता चल गया और उसने उसे हथियाने का पक्का इरादा बना लिया। उसने देखा कि मठ की दीवार को फांद कर जाने पर भी लक्ष्य की सिद्धि सम्भव नहीं, क्योंकि देव शर्मा तो एक पल के लिए भी पोटली को अपनी छाती से अलग नहीं करता था, अत: यह निश्चित था कि चोरी, छीना-छपटी तथा सीनाजोरी से काम चलने वाला नहीं। यह सब देखकर आषाढ़भूति ने देव शर्मा के समीप पहुंचने और उसका विश्वास जीतने के लिए उसका शिष्यत्व ग्रहण करने का ढोंग रचा।

आषाढ़भूति ने देव शर्मा के पास जाकर उसे साष्टांग प्रणाम किया और अपने मन में उठे वैराग्य की चर्चा करके उससे अपने को दीक्षा देने

की प्रार्थना करने लगा। आषाढ़भूति को सच्चा जिज्ञासु मानकर देव शर्मा ने उसकी प्रशंसा की और उससे कहा–देखो, संन्यासी तभी तक प्रशंसनीय और शुद्ध रहता है जब तक वह निस्संग होता है। संग से ही दोषों की उत्पत्ति होती है। अत: मैं तुम्हें दीक्षा तो दे दूंगा, परन्तु अपने साथ रहने की अनुमति नहीं दूंगा। तुम्हें मठ के बाहर घास-फूंस का छप्पर डाल कर रहना होगा।

आषाढ़भूति द्वारा सहमति दिखाने पर देव शर्मा ने उसे विधिवत् दीक्षा देकर अपना शिष्य बना दिया। अब वह आचार्य से शिक्षा ग्रहण करने लगा। इस प्रकार बहुत समय बीत जाने पर आषाढ़भूति ने देखा कि वह देव शर्मा का विश्वास नहीं जीत सका। अपना उद्देश्य सिद्ध होता न देखकर आषाढ़भूति अपने मन में देव शर्मा के वध की योजना बना ही रहा था कि देव शर्मा के एक शिष्य का पुत्र गुरु को निमन्त्रित करने आ पहुंचा। देव शर्मा ने निमन्त्रण को स्वीकार कर लिया और अगले दिन वह आषाढ़भूति को साथ लेकर यथासमय उधर चल पड़ा। मार्ग में एक नदी पड़ती थी, जिसे घुस कर पार करना पड़ता था। देव शर्मा ने कमर में बंधी पोटली को भीगने से बचाने के लिए चुपके से उसे कमर से खोला और गुदड़ी में छिपा लिया, पर आषाढ़भूति की दृष्टि से यह सब छिपा नहीं रह सका।

देव शर्मा का दुर्भाग्य था कि उसी समय उसे शौच निवृति की तीव्रता हो आई। आतुरता में उसने गुदड़ी को धरती पर रखा और आषाढ़भूति को निर्देश दिया कि शिव प्रतिमा वाली उस गुदड़ी को बिना छुए सावधानी से उसके लौटने तक देखभाल करे।

आषाढ़भूति तो इसी अवसर की ताक में था। ज्यों ही धोती को संभालता देव शर्मा आंखों से ओझल हुआ, त्यों ही गुदड़ी से पोटली निकाल कर आषाढ़भूति भी चम्पत हो गया।

इधर शौच करते देव शर्मा ने देखा कि मेष आपस में इतने जोर से टकराते और लड़ते हैं कि दोनों के सिर फट गये हैं और उनसे रक्त बहने लगा है। जब वे दोनों अपने सींग एक-दूसरे के सिर में मारते हैं और प्रहार से खून की बूंदें टपकती हैं तो एक गीदड़ बीच में घुसकर उन्हें चाटने

लगता है। देव शर्मा ने सोचा कि गीदड़ कितना मूर्ख है कि रक्त की दो बूंदों के लिए प्राणों को संकट में डालता है। थोड़ी देर में देव शर्मा ने देखा कि दोनों के बीच में भिंच कर वह गीदड़ मृत्यु का ग्रास बन गया।

इस दृश्य को देखने में खोये देव शर्मा को शौच करने में आवश्यकता से अधिक समय लग गया। जब वह निवृत हुआ तो चिन्तातुर होकर गुदड़ी वाले स्थान पर लौटा। उसने देखा कि न तो वहां आषाढ़भूति है और न ही उसकी पोटली है। देव शर्मा पछाड़ खाकर धरती पर गिर पड़ा। कुछ देर के बाद सचेत होने पर वह बुझे मन से समीप के गांव की ओर चल दिया।

गांव के बाहर देव शर्मा को किसी दूसरे गांव को जाते हुए जुलाहा पति-पत्नी मिले तो संन्यासी देव शर्मा ने उनसे रात्रि में आश्रय देने की प्रार्थना की। जुलाहा ने पत्नी को निर्देश दिया कि वह संन्यासी को घर ले जाये और उसके भोजन आदि की यथायोग्य व्यवस्था करे।

स्त्री धूर्त और व्यभिचारिणी थी, पति के साथ जाने पर उसे अपने यार से मिलने की सम्भावना थी। पति का आदेश था तो अरुचिकर, परन्तु वह आज्ञापालन से इंकार नहीं कर सकती थी। अत: वह बुझे मन से संन्यासी को लेकर घर को चल दी। घर पहुंचकर एक टूटी खटिया पर देव शर्मा को बिठा कर बोली—आप विश्राम करें, मैं अपनी सहेली से मिल कर अभी थोड़ी देर में लौट आती हूं। यह कह कर वह खूब सजधज कर चल दी। इधर उस दुष्ट स्त्री के पति ने उसके चरित्र के सम्बन्ध में सुन रखा था। अत: छिपता-छिपाता वह भी पीछे ही चला आया था। उसने जब अपनी पत्नी को आभूषणों से सुसज्जित होकर घर से निकलते देखा तो उसका माथा ठनका और इधर उस धूर्त स्त्री ने पति को लौटा देख लिया तो वापस घर में प्रविष्ट हो गई। पति ने क्रुद्ध मुद्रा में पूछा—दुष्टे! यह शृंगार करके कहां, किस यार से मिलने गई थी? स्त्री ने कहीं न जाने की शपथ खाई, परन्तु शराब के नशे में चूर उसके पति को विश्वास ही नहीं आया। उसने बिना सोचे-समझे अपनी पत्नी को रस्सी से कस कर एक खम्बे से बांध दिया और स्वयं निंद्रा में डूब कर सो गया।

इधर उस स्त्री के यार को प्रतीक्षा करते हुए जब बहुत देर हो गई

और वह अपनी कामुकता पर संयम नहीं रख सका तो उसने एक दूती को अपनी प्रेमिका के पास भेजा। स्वामी के आदेश से आई दूती ने उस स्त्री से उसके प्यार की कामविह्वलता का वर्णन किया तो वह स्त्री भी कामविह्वल हो उठी और यार से मिलने की उत्सुकता प्रकट करने लगी। परन्तु समस्या यह थी कि पति के जागने पर उसे यदि वहां बंधा हुआ न देखा तो अनर्थ हो जायेगा। दूतिका ने स्त्री के अनुरोध पर उसके स्थान पर उसके लौटने तक स्वयं बंध कर ठहरना स्वीकार कर लिया। फलतः दूती ने स्त्री के बन्धन खोल दिये और फिर स्त्री ने दूती को खम्बे से बांध दिया। यह सब करने के उपरान्त वह धूर्त स्त्री अपने यार से मिलने को चल दी।

इन दोनों की इस खुसर-पुसर में आदमी की नींद खुल गई और उसने सोचा कि वह अपने यार से प्रेमालाप कर रही है। पुरुष ने घुड़क कर पूछा—दुष्टा! किससे बातें कर रही है? दूती ने मुंह खोलना और उत्तर देना उचित नहीं समझा। अतः वह चुप रही। इस चुप्पी ने आदमी के सन्देह को पुष्ट कर दिया। वह क्रोधावेश में मुंह से झाग निकालता हुआ उठा और बोला—दुष्टे! उत्तर देती हो या नहीं? इस पर भी वापसी जवाब न मिला तो पुरुष अपने पर संयम न रख सका और बोला—तेरे जैसी धूर्त और कपट वाली स्त्री को मैं अभी पाठ पढ़ाता हूं। यह कहते हुए उसने घर के भीतर से एक छुरी उठाई और दूती को अपनी स्त्री समझ कर उसकी नाक काट दी। इधर यार के साथ सम्भोग से निवृत होकर लौटी स्त्री ने अंधेरे में ही दूती को खोल दिया और स्वयं उसके स्थान पर बंध कर खड़ी हो गई।

सवेरे उठ कर पुरुष ने कहा—परपुरुषगामिनी दुष्टे! अब भी यार का नाम बता दे, नहीं तो तेरे कान भी काट दूंगा। स्त्री ने उसी क्रोध का अभिनय करते हुए कहा—तुम मेरे पति हो, इसलिए मैं तुम्हें शाप नहीं देती, परन्तु याद रखो, मुझ जैसी पतिव्रता स्त्री पर अकारण आक्षेप करने के लिए भगवान तुम्हें कभी क्षमा नहीं करेंगे। तुमने मेरी नाक काटी है, परन्तु मैं लोकपालों देवी-देवताओं को साक्षी मान कर कहती हूं कि यदि मैं पतिव्रता हूं तो मेरी नाक अक्षत (बिना कटी) पहले जैसी हो जाये और यदि मैंने कभी किसी परपुरुष का मन में भी ध्यान किया हो तो मैं इसी समय जल कर राख बन जाऊं।

पुरुष ने पहले तो इस सब को स्त्री का ढोंग समझा, परन्तु दीपक जलाने पर जब उसने अपनी पत्नी की नाक को अक्षत (सही-सलामत) देखा तो उसके पतिव्रता-धर्म पर विश्वास किये बिना न रह सका। उसने अपनी गलती पर पश्चाताप करते हुए अपनी पत्नी को तत्काल बन्धन-मुक्त कर दिया और अपने अपराध के लिए उससे बार-बार विनम्र और मधुर स्वर में क्षमा-याचना करने लगा। स्त्री की इस सारी लीला को देखकर आश्चर्यचकित देव शर्मा के मुख से सहसा निकला-

समझ नहीं आता कि विधाता ने गुज्जफल के समान बाहर से आकर्षक परन्तु भीतर से अत्यन्त जहरीली इन स्त्रियों की रचना किस प्रकार से की है।

देव शर्मा ने सोचा कि जरा दूती का समाचार भी देख लिया जाये। इसी विचार से वह प्रातः भ्रमण के बहाने दूती के घर की ओर चल दिया। देव शर्मा ने देखा कि नाई का धन्धा करने वाला उसका पति उससे कैंची मांगता है तो वह कंघा दे देती है, बाल काटने की मशीन मांगता है तो उस्तरा फेंक देती है। अपने पत्नी की इस क्रिया पर पति को क्रोध आ गया और उसने उस्तरा फेंकते हुए कहा कि यह क्या मूर्खता कर रही हो। बस फिर क्या था, दूती का धन्धा करने वाली इस धूर्त नाइन को बहाना मिल गया। वह "हाय मेरी नाक कट गई, इस मुए मेरे पति ने यह क्या अनर्थ कर डाला" आदि बक कर चिल्लाती हुई घर के बाहर निकल आई और रोने-पीटने लगी। लोग इकट्ठे हो गये और किसी ने पुलिस को सूचना दे दी। पुलिस ने अपनी पत्नी की नाक काटने के आरोप में नाई को बन्दी बना लिया। थाने में उसकी ऐसी धुनाई हुई कि उस बेचारे की सिट्टी-पिट्टी गुम हो गई और वह बेचारा अपने बचाव में कुछ बोल ही नहीं पाया।

निरपराध नाई की दुर्दशा पर द्रवित होकर देव शर्मा ने दण्डाधिकारी के सामने अपनी आंखों देखी सारी घटना कह सुनाई और जांच करने पर देव शर्मा के कथन में सत्य पाया गया। फलतः नाई को बन्धन-मुक्त कर दिया गया और नाइन को पति पर झूठा अभियोग लगाने के अपराध के लिए दण्डित किया गया। उसके दोनों कान काट डाले गये। देव शर्मा

अपनी हानि को भूल गए और उन्हें इस सत्य का ज्ञान हुआ–

स्त्रियों को तो श्मशान में बंधी हांडियों (अस्थियों वाली) के समान अपवित्र और अग्राह्य समझ कर छोड़ देना चाहिए।

स्त्रियों की वाणी में ही केवल माधुर्य होता है, उनके हृदय में तो अत्यन्त भीषण और तीव्र विष भरा होता है। पुरुष, स्त्रियों के मोह में ग्रस्त होकर अपने विनाश और पतन को स्वयं ही निमन्त्रण देता है।

करटक को ये तीनों आख्यान सुना कर दमनक बोला–मित्र! यह सत्य मानो कि कभी-कभी मनुष्य को अपने ही दोष के कारण हानि उठानी पड़ती है। करटक ने पूछा–मित्र! यदि ऐसी स्थिति उत्पन्न हो जाये, अर्थात् संजीवक के साथ पिंगलक की ऐसी मित्रता बन जाये कि हमें दूध की मक्खी की तरह राज्य कार्य से निकाल फेंक दिया जाये तो हम क्या करेंगे? दमनक बोला–मित्र! चिन्ता मत करो, ऐसी स्थिति में तो मेरी बुद्धि को पंख लग जाते हैं। मैं एक ऐसी चाल चलूंगा कि दोनों में भयंकर फूट पड़ जायेगी और दोनों एक-दूसरे के खून के प्यासे हो जायेंगे।

करटक ने आशंका प्रकट करते हुए कहा–यदि तुम्हारी योजना की पिंगलक और संजीवक को भनक पड़ गई और वे संभल गये तो हमारा सर्वनाश निश्चित है। दमनक ने कहा–हमें सावधानी तो बरतनी होगी, परन्तु घबराने की कोई बात नहीं। समुद्र में डूबता व्यक्ति यदि अपना धैर्य और सन्तुलन नहीं खोता तो अपना उद्धार ही कर लेता है। फिर निश्चयी और दृढ़ साहसी व्यक्ति की तो देवता भी सहायता करते हैं। इस सम्बन्ध में मैं तुम्हें विष्णु के चक्र और गरुड़ द्वारा युद्ध में एक कौलिक की सहायता करने का आख्यान सुनाता हूं। इससे तुम्हें यह भी ज्ञात हो जायेगा कि सुनियोजित षड्यन्त्र की जानकारी तो ब्रह्मा को भी नहीं हो सकती। ढोंगी कौलिक अपनी सुनियोजित योजना से ही राजकुमारी का उपभोग करने में सफल हो सका था।

OOO

अनोखा रथ

किसी नगर में एक ढोंगी कौलिक रहता था। एक रथकार उस कौलिक का पक्का और विश्वस्त मित्र था। एक बार दोनों मित्र समीप के एक तीर्थ में जुटे मिले में तमाशा देखने गये तो उन्होंने वहां हाथी पर सवार अत्यन्त रूपवती राजकुमारी को देखा। कौलिक तो उसे देखते ही उस पर मुग्ध हो गया और उसे पाने के लिए बिना पानी वाली मछली के समान तड़पने लगा। रथकार मित्र ने कौलिक को समझाया कि उसकी तड़प मूर्खता के अतिरिक्त और कुछ नहीं, क्योंकि उसके लिए राजकुमारी को पाना तो चन्द्रमा को पकड़ने जैसा है। किसी राजपुरुष को यदि तुम्हारे इस विचार की भनक भी पड़ गई तो तुम जेल में सड़ते दिखाई दोगे।

कौलिक ने कहा–मित्र! चाहे मुझे जेल भुगतनी पड़े या फिर चाबुकों की मार खानी पड़े, सब सहने को तैयार हूं, परन्तु राजकुमारी को पाये बिना मैं रह नहीं सकता। उसे पाने के लिए किसी भी संकट का सामना कर सकता हूं।

रथकार ने मित्र की कामातुरता और विह्वलता को देखकर उसे तसल्ली देते हुए कहा–यदि तुम आग से खेलना ही चाहते हो तो सुनो। मैं तुम्हारे लिए एक ऐसा रथ बनाऊंगा कि उसमें लगे यन्त्र की सहायता से उड़ कर तुम राजकुमारी के निजी कक्ष तक पहुंच जाओगे। कौलिक

तो मित्र के चरणों में गिर पड़ा और उसे शुभस्य-शीघ्रम्, अर्थात् शुभ कार्य को तत्काल निपटाने के लिए उससे अनुनय-विनय करने लगा।

रथकार ने सचमुच में एक यन्त्र-संचालित रथ को तैयार करके कौलिक को उसे उड़ाने और उतारने की विधि समझा दी। धूर्त कौलिक के दिमाग में आया कि क्यों न चतुर्भुज विष्णु बन कर राजकुमारी के पास पहुंचा जाये। राजकुमारी विष्णु के दर्शन को और उनके साथ अपने सम्बन्ध को सौभाग्य समझेगी। इससे मुझे उसे पटाना नहीं पड़ेगा। वह शीघ्र ही मेरे साथ सम्भोग के लिए तैयार हो जायेगी। बस, इससे मुझे अभीष्ट मिल सकेगा।

अपने इसी विचार को मूर्तरूप देने के लिए कौलिक ने अपने मित्र रथकार की खुशामद की तो रथकार ने मित्र के अनुरोध को गौरव देते हुए उसे लकड़ी की दो भुजायें इस ढंग से लगा दीं कि वह सचमुच ही विष्णुनारायण लगने लगा। कामासक्त दुष्ट कौलिक उसी प्रकार से आश्वस्त होकर विष्णु जी के रूप में गरुड़ रूपी यान में सवार होकर उड़ चला और राजमहल की उस छत पर जहां राजकुमारी अकेली रहती थी, विमान को जा उतारा। राजकुमारी साक्षात् नारायण देव को अपने सामने देखकर आश्चर्यचकित रह गई। कुछ देर तक तो वह अपनी आंखों पर विश्वास ही न कर सकी। उस देवी ने रात्रिबेला में उस कौलिक को उसके चिह्नों से साक्षात् विष्णु ही समझा और भगवान द्वारा इस प्रकार दर्शन देने के लिए अपने भाग्य को सराहने लगी।

कौलिक ने हक्की-बक्की राजकुमारी के सिर पर हाथ रख कर और उसके गालों को छूकर कहा—राजपुत्रि! देखो, मैं लक्ष्मीजी को छोड़ कर स्वयं तुम्हारे पास रतिभोग के लिए आया हूं। आज जब मैंने मनुष्यलोक पर दृष्टि डाली तो तुम्हारे रूप-सौन्दर्य पर मेरी दृष्टि अटक गई और फिर मैंने तुम्हें पाने के लिए गरुड़ को इधर आने का आदेश दिया।

राजकुमारी ने कहा—भगवन्! कहां आप देवाधिदेव पूर्ण ब्रह्म परमेश्वर और कहां मैं एक साधारण स्त्री। कहां आप परमपवित्र एवं शुद्ध-बुद्ध सच्चिदानन्द और कहां मैं अपवित्र, अशुद्ध एवं अज्ञानी जीव! आपका मेरे साथ सम्बन्ध कैसे उपयुक्त तथा उचित है?

धूर्त कौलिक ने कहा—तुम सत्य कहती हो, परन्तु तुम यह नहीं जानती हो कि तुम राधा नामक गोपिका का अवतार हो। किसी शापवश तुम्हें मनुष्य योनि में जन्म लेना पड़ा है। तुम्हारा और मेरा सम्बन्ध तो नित्य शाश्वत है।

राजकुमारी ने कहा—प्रभो! यदि यह सब सत्य है तो आप मेरे पिता से मुझे मांग लीजिये और फिर स्वेच्छा से मेरा उपभोग कीजिए। मेरे पिता मुझे आपको सौंप कर अपने को गौरवान्वित अनुभव करेंगे। इससे धर्म और लोक-मर्यादा की रक्षा होगी।

कौलिक ने कहा—देखो, तुम क्योंकि मूल रूप से गोपिका हो, अतः मेरा दर्शन कर पा रही हो, अन्यथा मनुष्य मुझे नहीं देख सकता। मैं तुम्हारे पिता के समक्ष नहीं आ सकता। तुम इस विवाद को छोड़ कर गन्धर्व विवाह द्वारा अपने को मुझे समर्पण कर दो। समय आने पर मैं तुम्हारे पिता से भी बातें करने की व्यवस्था कर लूंगा। यदि तुमने इन्कार किया तो मैं तुम्हारे पिता को कुल सहित नष्ट कर दूंगा। यह कहकर कौलिक ज्यों ही सहमी-डरी राजकुमारी की ओर लपका, त्यों ही राजकुमारी ऐसी सकपका गई कि इन्कार कर ही न सकी। कौलिक ने राजकुमारी के साथ जम कर रतिभोग किया।

भोगविलास से निवृत होकर कुछ देर तक कौलिक ने राजकुमारी को अपनी छाती से लगाये रखा और उसका खूब चुम्बन लिया तथा उसके अधरों के रसपान से अपने को कृतकृत्य किया। इससे दोनों को बड़ा ही आनन्द मिला। रात शेष होने पर विष्णु रूप धरे कौलिक ने उसे रात्रि में पुनः आने का आश्वासन दिया और विमान पर आरूढ़ होकर नीचे उतर आया।

अब वह प्रतिदिन राजकुमारी के पास आने लगा तो धीरे-धीरे राजकुमारी के भवन में किसी पुरुष के रात्रि में प्रवेश की सूचना फैलने लगी। राजा ने भली प्रकार से आरक्षित राजभवन में किसी अजनबी पुरुष के प्रवेश पर आश्चर्य प्रकट करते हुए रक्षाकर्मियों को उसे पकड़ने का आदेश दिया।

राजा ने इस घटना की सूचना रानी को दी तो वह तत्काल क्रोधावेश

में लड़की की ओर दौड़ी। अपनी पुत्री के कटे होंठ और दांतों के चिह्न वाले गालों को देख कर तो रानी आग-बबूला हो उठी। उसने पुत्री से इस दुष्कर्म के लिए उत्तरदायी दुष्ट का नाम बताने पर बल दिया।

राजकुमारी ने बड़े ही भोलेपन से उत्तर दिया—मेरे पास तो प्रत्येक रात्रि में चतुर्भुज विष्णुनारायण अपने विमान पर सवार होकर आते हैं और प्रातःकाल होने से पहले लौट जाते हैं।

रानी अपनी पुत्री के वचनों को उसका पागलपन और उसकी निरी बकवास समझ कर उसे गालियां देने और अपने भाग्य को कोसने लगी। रानी ने पागलों की तरह उच्च स्वर में चिल्ला कर कहा—दुष्ट! अपना मुंह काला करके दुनिया को पागल बनाती हो?

लड़की की अडिगता, धैर्य और आत्मविश्वास को देखकर रानी ने कहा—अच्छा, यदि तेरा खसम विष्णुनारायण है तो आज मैं उसे देखूंगी? आने दे उस मुंहजले को, कैसी खबर लेती हूं। राजकुमारी द्वारा सहमति प्रकट करने पर रानी को आश्चर्य हुआ और उसका क्रोध कुछ-कुछ शांत हो गया।

रात्रि होने पर रानी अपने पति राजा के साथ छिप कर बैठ गई और कौलिक को विष्णुनारायण के वेश में साक्षात् विष्णु जानकर विस्मयविमुग्ध हो गई। पति-पत्नी ने अपनी पुत्री के लिए ऐसा वर पाने के लिए अपने को धन्य समझ कर अपनी पुत्री को उस कौलिक से सम्भोग की अनुमति दे दी।

कुछ दिनों के उपरान्त उस राजा पर पड़ौसी राजा ने चढ़ाई कर दी। पड़ौसी राजा की प्रचण्ड शक्ति के सामने राजा की एक न चली और दिन-प्रतिदिन उसकी सेना नष्ट होने लगी। राजा ने मन्त्रियों की सलाह पर अपनी पुत्री से कहा कि वह विष्णुनारायण से सहायता करने की प्रार्थना करे। राजा ने उसे बताया कि यदि दैवी शक्ति नहीं मिलती तो कल दुर्ग का छिन जाना निश्चित है।

रात्रि में कौलिक के आने पर राजकुमारी ने उसे अपनी व्यथा कथा सुनाई तो उसने सोचा कि यदि दुर्ग छिन जाता है तो राजकुमारी भी छिन जायेगी। अतः क्यों न मैं अपने को आकाश में इस प्रकार से प्रकाशित करूं

कि शत्रु सेना भयभीत हो जाये और राजा की सेना में उत्साह का संचार हो जाये तथा विजय की ओर अग्रसर हो सके। यदि इस दुस्साहस में मेरी मृत्यु भी हो गई तो यह अपनी प्रेमिका के प्रति मेरे कर्तव्य का पालन ही होगा।

कौलिक ने राजकुमारी के द्वारा उसकी सहायता करने के अपने निश्चय की जानकारी राजा को दी और उसकी विजय का आश्वासन दिलाया! कौलिक ने राजा से कहा—मैं तुम्हारे शत्रुओं को निस्तेज कर दूंगा और इससे तुम्हारे सैनिकों द्वारा उनका वध सुगम हो जायेगा। राजा को इस प्रकार का आश्वासन देकर कौलिक ने अपने प्राणों को हथेली पर रखकर विमान में बैठ कर आकाश मार्ग से लड़ने का निश्चय किया।

इधर त्रिकालदर्शी विष्णु जी ने सोचा कि यदि वह कौलिक मरता है अथवा हारता है तो कलंक तो मुझे लगेगा। अत: उन्होंने गरुड़ को बुला कर कहा--देखो! तुम्हें ज्ञात है कि यह कौलिक मेरा रूप धारण कर राजकुमारी के पास जाता है और उसने तुम्हारे जैसा लकड़ी का नकली गरुड़ भी बना रखा है। गरुड़ ने कहा—भगवन्! अब मुझे क्या आदेश है? भगवान बोले--आज वह कौलिक क्षत्रियों से युद्ध करने गया है। क्षत्रियों के बाणों से उसकी मृत्यु निश्चित है। उसके मरने के बाद लोगों में यह समाचार फैल जायेगा कि हम दोनों क्षत्रियों के हाथों मारे गये हैं। अत: तुम जाकर गरुड़ के शरीर में प्रवेश करो और मैं कौलिक के शरीर में प्रवेश करता हूं।

श्री विष्णुनारायण और गरुड़ द्वारा वैसा ही करने पर कौलिक को विजय मिलना निश्चित था। चारों ओर यह समाचार फैल गया कि भगवान विष्णु ने राजा की सहायता की है। इससे उनकी पराजय विजय में बदल गई। राजा भी अपनी विजय से फूला न समाया। और उसने कौलिक को भगवान विष्णु मानते हुए उसके साथ अपनी बेटी से विवाह की बात रखी। कौलिक अपराध बोध से ग्रस्त होकर आत्मग्लानि से गड़ा जा रहा था। उसकी तो पूजा-अर्चना भी शुरू हो गई थी।

वह अपने वास्तविक रूप को अधिक देर तक छिपा ना सका। और अपनी दुष्टता की सारी कहानी राजा को सुना दी। अपराध के दण्ड के

लिए राजा से प्रार्थना करने लगा।

अपनी विजय से हर्षोत्फुल राजा ने कौलिक की इस दुष्टता को भी ईश्वर की इच्छा मान लिया और उसके शौर्य और बुद्धि पर मुग्ध होकर राजकुमारी से उसका विवाह कर दिया।

इस कथा को सुनाकर दमनक बोला--इसीलिए मैं कहता हूं यदि सुनियोजित ढंग से योजना बनाई जाये तो उसकी सहायता स्वयं ब्रह्मा भी करते हैं।

दमनक की बातों को सुनकर करटक बोला—निःसन्देह तुम बुद्धिमान हो। परन्तु संजीवक भी बड़ा नीतिकुशल है। उसकी बुद्धि के साथ पिंगलक की बुद्धि का संयोग हो गया है। संजीवक और पिंगलक की मित्रता में फूट डालने की सफलता में मुझे सन्देह है।

दमनक बोला—मित्र! निःसन्देह तुमने स्थिति का सही विश्लेषण किया है। पर यह मत भूलो कि जिस कार्य को पराक्रम से नहीं किया जा सकता, उसे उपाय से करना चाहिए। इस सम्बन्ध में मैं तुम्हें कौवी द्वारा सर्प के विनाश की कथा सुनाता हूं। ध्यानपूर्वक सुनो—

एक घने जंगल में एक वृक्ष में कौवे-कौवी का एक जोड़ा रहता था। संयोग से उस वृक्ष की जड़ में बिल बनाकर एक काला भयानक अजगर भी रहता था। कव्वी जब अण्डे देती अजगर उन्हें खा जाता। बेचारे कौवे-कौवी मन मारकर रह जाते। कव्वा समीप रहने वाले अपने मित्र श्रृगाल से सलाह करने चल दिया।

गीदड़ ने अपने मित्र की दुःख-भरी कहानी सुनकर पहले तो सहानुभूति जताई और कहा—चिन्ता की कोई बात नहीं, लोभी सर्प को उपाय से मारा जा सकता है। उपाय जानने वाला छोटा व्यक्ति भी शूरवीरों को धता बताने में समर्थ हो जाता है। कव्वे की उत्सुकता पर बगुले की कहानी सुनाता हुआ गीदड़ बोला—

 OOO

धूर्तता का परिणाम

एक वन में एक स्वच्छ जल से भरा विशाल और गहरा तालाब था। वहां एक बगुला भी रहता था। परन्तु, बूढ़ा हो जाने के कारण अब वह शिकार करने में असमर्थ हो गया था। एक दिन उसके मन में एक युक्ति सूझी। वह तालाब के किनारे बैठकर जोर-जोर से रोने लगा कि वह तालाब सूखने लगा है, तुम सब मारे जाओगे।

उसका रोना सुनकर तालाब के सारे जीव-जन्तु उसके चारों ओर एकत्रित होने लगे और वहां से निकलकर प्राण बचाने के उपाय पर सोच-विचार करने लगे। बगुला अपनी युक्ति पर मन ही मन बड़ा आनन्दित हुआ और बोला—मेरे वश में जो है मैं वह सहायता करने को तैयार हूं। तुममें से जितनी मछलियां हैं, उन्हें मैं रोज समीप वाले तालाब में अपनी पीठ पर बैठाकर पहुंचा सकता हूं। वह तालाब बहुत गहरा है, अतः वह नहीं सूखेगा। मछलियां बहुत खुश हुईं।

अब तो वह धूर्त बगुला रोज़ अपनी पीठ पर ढेर सारी मछलियों को बिठाकर ले जाता, उन्हें पास की चट्टान पर पटक देता और पेट भर कर उनका भोजन करता।

एक दिन केकड़ा भी बोला—मामा! तुम्हारे-मेरे इतने सालों के सम्बन्ध हैं, क्या तुम मुझे नहीं पहुंचाओगे। बगुला बहुत प्रसन्न हुआ,

उसका तो मन ही स्वाद बदलने का था, बोला–हां-हां, चलो।

रास्ते में केकड़े ने जब मछलियों की हड्डियां देखीं तो सारा मामला समझ गया और उसको अपने प्राण भी खतरे में दिखने लगे। उसने डरते

हुए पूछा–मामा, सारी मछलियों को कहां छोड़ते हो? बगुला धूर्तता से हंसता हुआ बोला–अब तो स्वर्ग पहुंचकर ही यह बात पता चल जायेगी।

वहां जाकर मछलियों से इस विषय पर पूछ लेना। बस केकड़े ने तुरन्त अपने दांतों से उस बगुले की गरदन पकड़ ली और उसने वहीं प्राण त्याग दिये।

सरोवर लौटकर केकड़े ने सभी को बगुले की धूर्तता की बात बताई, सभी अपने भाग्य को सराहने लगे।

गीदड़ की कहानी सुनकर कौव्वा बड़ी बेचैनी से बोला—मित्र! क्या हमारे उद्धार का भी कोई उपाय तुम्हें सूझा? यदि हां, तो मुझे शीघ्र बताने की कृपा करो। क्योंकि हम दोनों पति-पत्नी इस दुष्ट से बहुत दुःखी हैं।

गीदड़ ने कहा—मित्र अपने दिमाग को ठंडा करो, उत्तेजना और आवेश से कुछ नहीं होता। मैं जो कहता हूं उसे ध्यान से सुनो। राजा के मन्त्री अथवा राजकुमारी के असावधान होने पर उनका कोई एक आभूषण उठाकर सांप के बिल के पास रख दो, फिर मेरा खेल देखो।

कव्वे ने उड़ान भरी। संयोग से उसने एक राजकुमार को एक सरोवर के निकट अपने आभूषण और वस्त्र उतारकर स्नान करते देखा। सामान की रखवाली के लिए राजपुरुष सावधान खड़े थे। कव्वे ने अवसर निकालकर मूल्यवान हार को अपनी चोंच में उठा लिया और तीव्र गति से उड़ान भर कर उस हार को सांप के बिल में फेंक दिया।

राजपुरुषों ने अपने हाथों में डण्डे और बर्छियां लेकर कव्वे का पीछा किया। एक वृक्ष के समीप पहुंचकर उन्होंने देखा कि हार वहीं पड़ा है। उसके पास ही एक भयंकर काला सर्प फन फैलाए बैठा है। उन्होंने अपने अस्त्रों के प्रहार से सर्प को समाप्त कर दिया। इस प्रकार कव्वा-कौव्वी निश्चिन्त होकर रहने लगे।

इस कथा को सुनाकर दमनक ने कहा—मित्र! इसलिए मैं कहता हूं कि उपाय के द्वारा जो किया जा सकता है, वह पराक्रम के द्वारा नहीं।

बुद्धिमान, शारीरिक बल ना रखते हुए भी बलवान है और बुद्धिहीन, शारीरिक बल रखते हुए भी बलहीन है। इस सम्बन्ध में खरगोश ने अपनी बुद्धि के बल पर सिंह जैसे प्राणी को भी मार गिराया। इस विषय पर एक कथा सुनो—

ooo

बुद्धिमान बलवान

किसी जंगल में भासुरक नामक एक सिंह रहता था। वह अपनी शक्ति के मद में प्रतिदिन अनेक जीवों का वध करता था। अपने परिवार के जीवों को प्रतिदिन मारता और उनकी संख्या को घटता देखकर वन के बचे प्राणियों ने आपस में विचार-विमर्श किया और फिर अपने एक प्रतिनिधि को सिंह के पास भेजा।

प्रतिनिधि ने सिंह से कहा कि जब उसे अपने पेट की भूख मिटाने के लिए एक ही प्राणी की आवश्यकता रहती है तो वह बहुत से प्राणियों का अनावश्यक वध क्यों करता है? प्रतिनिधि ने सिंह से कहा--हमने आपस में मिल-जुल कर विचार किया है। यदि आप इस वन के किसी भी प्राणी का वध न करने का आश्वासन दें तो हम प्रतिदिन एक पशु को आपके उदर-भरण के लिए भेज दिया करेंगे। इससे आपको भी शिकार की खोज में नहीं भटकना पड़ेगा और हमारा भी अनावश्यक विनाश रुक जायेगा। सिंह ने प्रतिनिधि के माध्यम से प्रस्तुत पशुओं के प्रस्ताव को स्वीकार कर लिया, परन्तु साथ में यह चेतावनी दी कि यदि किसी दिन पशु नहीं आयेगा तो वह वन के सभी पशुओं को एक साथ मार डालेगा। प्रतिनिधि सिंह को सभी प्रकार से आश्वस्त करके लौट गया और तब से प्रतिदिन बारी-बारी से एक पशु सिंह के भोजन के लिए

उसके पास आने लगा।

कुछ दिनों के उपरान्त एक बुद्धिमान खरगोश की बारी आयी तो उसने सोचा कि जब मरना ही है तो फिर बेचैन होने और शीघ्रता करने का क्या लाभ है। इसके अतिरिक्त वह इस सिंह का विनाश करने और अपने जाति-बन्धुओं को प्रतिदिन के विनाश से बचाने की सोचने लगा। इसी सोच-विचार में डूबा वह बहुत धीरे-धीरे चलने लगा। उधर सिंह भूख से व्याकुल होकर तड़फने लगा। खरगोश ने आखिर एक उपाय सोच ही लिया। अपनी योजना के अनुसार वह उदास मन से सायंकाल को सिंह के पास पहुंचा। सिंह तो खरगोश को देखते ही आग-बबूला होकर बोला—दुष्ट! एक तो तुम इतने छोटे हो कि तुम्हें खाकर मेरी भूख नहीं बुझेगी। फिर तुम इतनी देर से आये हो। कल प्रातःकाल होते ही मैं तुम्हारे जाति-बन्धुओं का विनाश करके तुम्हें पाठ पढ़ाऊंगा।

खरगोश ने हाथ जोड़कर शान्त और संयत स्वर में कहा—महाराज! देर से आने के लिए मैं दोषी नहीं हूं। मैं तो सवेरा होते ही अपने घर से चल पड़ा था और ठीक समय पर आपके पास पहुंच भी जाता, परन्तु मुझे मार्ग में एक और सिंह ने घेर लिया और वह मुझे अपना भोजन बनाना चाहता था। मैंने उसे जोर देकर बताया कि तुम हमारे स्वामी सिंह भासुरक को नहीं जानते हो, वे बहुत अधिक शक्तिशाली हैं और इस सारे वन के स्वामी हैं। मैं उनका ही भोजन हूं। अतः तुम मुझे उनके पास जाने दो। महाराज, आपका नाम सुन कर तो वह नया दुष्ट सिंह बोला—मैं किसी भासुरक को नहीं जानता। यदि उसमें शक्ति और साहस है तो आकर मेरा सामना करे, नहीं तो उसे कहो कि वह इस वन को छोड़कर कहीं दूर चला जाये, अन्यथा मैं उसे मार डालूंगा।

महाराज! मैं उस दुष्ट सिंह से किसी प्रकार अनुनय-विनय करके और यह आश्वासन देकर आया हूं कि मैं फिर उसके पास जाऊंगा। अब आप स्वयं ही निर्णय लीजिये, देर हो जाने में मेरा क्या दोष है।

सिंह भासुरक एक तो पहले ही भूख से व्याकुल होने के कारण बौखला रहा था। अब खरगोश की बातों ने उसके क्रोध की आग में घी का काम किया। वह चीख कर खरगोश से बोला—चल, मुझे दिखा कि

वह दुष्ट कहां है। मैं पहले उसकी खबर लूंगा और फिर बाद में ही निश्चिन्त होकर भोजन करूंगा।

खरगोश भासुरक को एक कुएं के पास ले गया और बोला—स्वामिन्! इस दुर्ग में सुरक्षित ठहरे अपने शत्रु को आप स्वयं ही देख लें। क्रोध से अन्धे और विवेकहीन भासुरक ने जब कुएं में झांका तो उसे पानी में अपनी ही परछाईं नजर आई। उसकी प्रतिध्वनि भी लौटकर उसे सुनाई पड़ी। शत्रु का वध करने के लिए भासुरक उस पर झपटा। बस छलांग लगाते हुए वह कुएं में जा गिरा और सदा के लिए समाप्त हो गया। खरगोश की बुद्धि की सभी जीवों ने बढ़-चढ़कर प्रशंसा की।

'बुद्धिमान ही सच्चे अर्थों में बलवान होते हैं'—मैं वहां जाकर अपनी बुद्धि का प्रयोग करते हुए उन दोनों की मित्रता अवश्य भंग करवाऊंगा। दमनक ने चुनौतीपूर्ण शब्दों में कहा।

करटक ने कहा—मित्र, यदि आपको अपनी बुद्धि पर विश्वास है तो आप अवश्य जाइये। मैं प्रार्थना करूंगा कि ईश्वर आपकी सहायता करे। करटक से अनुमति लेकर दमनक एकांत में बैठकर पिंगलक की ओर चल पड़ा। वहां पहुंचकर दमनक ने पिंगलक को प्रणाम किया और आदरपूर्वक बैठ गया। पिंगलक ने दमनक से पूछा—सब कुशल-मंगल तो है? बड़े दिनों के बाद दिखलाई दिये हो। दमनक ने आदर भाव दिखाते हुए विनम्र स्वभाव में उत्तर दिया—'आपको मुझसे कोई कार्य नहीं पड़ता' इसलिए मैं इधर नहीं आता। परन्तु राजकाज की हानि को देखकर मैं अपने ऊपर संयम नहीं रख सका हूं। अपनी व्याकुलता के बढ़ जाने पर बिना कारण ही आपकी सेवा में उपस्थित हुआ हूं।'

दमनक के वचनों को रहस्यपूर्ण देखते हुए पिंगलक ने गम्भीर होकर पूछा—आप क्या चाहते हैं? जो कुछ भी कहना है, स्पष्ट रूप में कहो। दमनक ने अपने चेहरे को गम्भीर बनाकर चिन्तित स्वर में कहा—देव संजीवक आपके प्रति अपने हृदय में गुप्त बैर-भाव रखता है। वह विद्रोह के लिए अवसर की ताक में है।

दमनक के वचनों को सुनते ही पिंगलक इस प्रकार हो गया मानो उस पर वज्रपात हुआ हो। थोड़ी देर बाद संभलने पर पिंगलक बोला—

संजीवक जैसे विश्वस्त सेवक से मैं विश्वासघात की कल्पना स्वप्न में भी नहीं कर सकता। मैंने तो आपके कहने पर उसे अभयदान दे रखा है। अब समझ नहीं आता कि उसका मैं अपने हाथों किस प्रकार वध करूंगा। सत्य तो यह है कि अपने हाथ से बोये और अपने ही हाथ से सींचे विष-वृक्ष को भी काटने में दुःख होता है।

पिंगलक ने कहा–भद्र! नीतिकारों का यह भी मत है कि उपकारी के प्रति तो सभी साधुता का व्यवहार करते हैं, परन्तु वास्तविक रूप में तो उपकारी के प्रति साधुता का व्यवहार करने वाला व्यक्ति ही सज्जन तथा महान है।

दमनक ने पिंगलक की सज्जनता पर मन ही मन कुढ़ते हुए कहा–स्वामिन्! विद्रोही व्यक्ति को क्षमा करना अथवा उसकी उपेक्षा करना राजधर्म नहीं है। नीतिकारों के अनुसार तो जो राजा अपने आधे राज्य को छीनने की इच्छा रखने वाले अपने सेवक को वध नहीं करता–वह एक-न-एक दिन स्वयं उसके हाथों मारा जाता है। यहां तो संजीवक आपका वध करके आपके सारे राज्य पर ही अपना अधिकार करने का कृतसंकल्प है।

इसके अतिरिक्त आपके लिए यह भी विचारणीय है कि आपने घासफूस खाने वाले संजीवक को मन्त्री बना कर राजधर्म के विरुद्ध आचरण किया है। इससे आपकी प्रजा भी आपसे उदासीन है। आपके अनुजीवी आपको छोड़ कर किसी दूसरे वन में जाने की सोच रहे हैं, क्योंकि उनका विश्वास है कि संजीवक के साथ रहकर आप में धीरे-धीरे आखेट के प्रति रुचि धीमी पड़ती जायेगी और मांसाहार के बिना वीरता और साहस के कार्यों में सफलता सम्भव नहीं। वास्तव में जिस व्यक्ति के स्वभाव और गुण के विषय में पूरी जानकारी न हो, उसे आश्रय देना ही नहीं चाहिए। मत्कुण के स्वभाव को जाने बिना उसे आश्रय देने के कारण ही जूं को अपने प्राणों से हाथ धोना पड़ा।

पिंगलक की उत्सुकता पर उसे मन्दविसर्पिणी यूका (धीमी चाल चलने वाली जूं) की कथा सुनाता हुआ दमनक बोला–

OOO

मित्रता का फल

किसी एक नगर के राजा के भवन में राजा के प्रतिदिन के व्यवहार में आने वाले दो जुड़े वस्त्रों के जोड़ में मन्दविसर्पिणी नाम वाली एक जूं रहती थी। वह राजा का रक्त चूसकर आनन्द का जीवन बिताती थी।

एक दिन कहीं से घूमता-फिरता अग्निमुख नाम वाला खटमल राजा के शयनकक्ष में घुस आया। उसे देखकर जूं खिन्न हो उठी और अग्निमुख को सम्बोधित करती हुई उसे तत्काल राजमहल से निकल जाने को कहने लगी।

अग्निमुख ने विनम्र स्वर में जूं से कहा--देवि! घर में आये अतिथि के प्रति आपका ऐसा उपेक्षापूर्ण व्यवहार आपको शोभा नहीं देता। शास्त्रकारों ने तो किसी दुर्जन के भी अतिथि रूप में अपने घर आने पर उसका तिरस्कार करना गृहस्थ धर्म के विपरीत बताया है। मैं तो वहां एक विशेष प्रयोजन से आया हूं। मैंने अनेक प्रकार के मनुष्यों के अनेक स्वाद वाले रक्त चूसे हैं, परन्तु वे सभी रक्त लोगों के विशेष प्रकार के खान-पान के कारण खट्टे, कड़वे, तीखे और कसैले ही थे। मीठे रक्त को चूसने की मेरी कामना अभी तक अधूरी ही है। यहां का राजा अनेक प्रकार के उत्तम पदार्थों का सेवन करता है। इससे उसका रक्त अवश्य ही मधुर स्वाद वाला होगा। यदि तुम मुझे दो-एक दिन रहने की अनुमति देने की कृपा

करो तो मैं तुम्हारा विशेष आभारी रहूंगा। मैं तुम्हें विश्वास दिलाता हूं कि मधुर रक्त के स्वाद लेने की अपनी कामना की पूर्ति होते ही मैं यहां से अपने आप चलता बनूंगा। तुम मुझ पर विश्वास करो और मेरी इच्छापूर्ति

में बाधक बन कर अतिथि-धर्म के विरुद्ध आचरण के पाप की भागी मत बनो।

खटमल की प्रार्थना को सुन कर जूं बोली--ठीक है, परन्तु एक बात

ध्यान से सुन लो। मैं तो राजा के सो जाने पर उसका रक्त चूसती हूं। तुम स्वभाव से चंचल और उद्धत हो। यदि तुम राजा के निद्रानिमग्न होने तक धैर्य धारण कर सकते हो तो मैं तुम्हें यहां रहने की अनुमति दे सकती हूं।

खटमल ने जूं को शपथपूर्वक विश्वास दिलाया कि जब तक वह राजा का रक्तपान नहीं कर लेगी तब तक वह धैर्य करके प्रतीक्षा करेगा। फलत: जूं ने खटमल को वहां रहने की अनुमति दे दी।

रात होने पर जब राजा अपने उस शयन कक्ष में आकर सोया तो खटमल अपनी जिह्वा पर काबू न पा सका। उसमें राजा के निंद्रानिमग्न की प्रतीक्षा करने का धैर्य न रहा। अत: वह जागते राजा को ही काटने और उसका खून चूसने लगा। वस्तुत: नीतिकारों का यह कथन सर्वथा सत्य है–

जिस प्रकार पानी को कितना भी गरम क्यों न किया जाये, वह अपने स्वभाव के अनुरूप कुछ ही देर में शीतल हो जाता है, उसी प्रकार कहने-कहलाने से किसी भी व्यक्ति के स्वभाव को बदला नहीं जा सकता। खटमल के लिए भी अपने स्वभाव को बदलना सम्भव न हुआ। इधर सुई के चुभने जैसे खटमल के डंक से बेचैन होकर राजा उठ खड़ा हुआ। महल के बाहर खड़े नौकर स्वामी की आवाज को सुनकर तत्काल भीतर प्रविष्ट हुए और बिछौने तथा ओढ़ने के कपड़ों की बारीकी से छानबीन करने लगे। यह सब देखकर और अवसर पाकर खटमल तो भाग खड़ा हुआ, पर कपड़ों के जोड़ में बैठी जूं पर नौकरों की नजर पड़ गई। नौकरों ने तत्काल उस जूं को मार डाला।

इस कहानी को सुना कर दमनक ने पिंगलक से कहा–महाराज! इसलिए मैं कहता हूं कि जिस व्यक्ति की सही जानकारी न हो, उसे आश्रय देने का परिणाम अच्छा नहीं निकलता। इसके अतिरिक्त अपने लोगों की उपेक्षा करके दूसरे लोगों को अधिकार देने वाला व्यक्ति मूर्ख चण्डरव के समान बुरी से बुरी मृत्यु को प्राप्त करता है।

पिंगलक के अनुरोध पर उसे चण्डरव की कहानी सुनाता हुआ दमनक बोला–

OOO

स्वजनों की उपेक्षा

किसी वन में चण्डरव नामक एक गीदड़ रहता था। एक दिन घूमता-फिरता वह शहर की ओर निकल गया। वहां शहरी कुत्तों की दृष्टि जैसे ही उस पर पड़ी, उन्होंने उसे दौड़ा लिया। बेचारा गीदड़ जान बचाकर एक कपड़े रंगने वाले के घर में कूद गया। लेकिन यह क्या?–वह तो नीले रंग में जा गिरा और अब जो बाहर निकला तो उसकी शक्ल ही बदल चुकी थी। कुत्ते भी भाग चुके थे। वह टहलता हुआ जंगल में गया। वहां जंगली पशुपक्षी नीले रंग के इस विचित्र जीव को देखकर बहुत भयभीत हुए और शेर, बाघ तक डर से कांपने लगे। गीदड़ ने सबको आश्वासन दिया–घबराओ मत, ब्रह्मा ने मेरी रचना तुम लोगों की रक्षा के लिए की है। उसने मुझे इस वन में राजा बनाकर उतारा है। आज से तुम सब मेरी प्रजा हो, मैं तुम्हारा राजा। जो आज्ञा दूं–तुरन्त पालन करना, अन्यथा परिणाम बुरा होगा। सभी ने सहमति में अपने-अपने सिर झुका दिये। उनका अभिनन्दन करके सब उसकी आज्ञा की प्रतीक्षा करने लगे। चण्डरव ने सिंह को प्रधानमंत्री, व्याघ्र को खाद्यमन्त्री और चीते को वित्तमंत्री, भेड़िये को रक्षामन्त्री के पदों पर नियुक्त किया। उसने अपने लोगों को प्रशासन में कोई महत्त्वपूर्ण पद नहीं दिया। इतना ही नहीं, वह तो अपनी बिरादरी वालों से बात करने में भी अपमान समझता था।

एक दिन सभी गीदड़ों ने उससे क्षुब्ध होकर योजनाबद्ध तरीके से हुआ-हुआऽऽऽ करके गाना शुरू कर दिया। चण्डरव गीदड़ यह आवाज सुनकर बड़ा आनन्दित हुआ। उसका मन भी किया कि वह भी इसी आवाज में अपने स्वर को मिला दे और इस प्रकार वह अधिक देर तक अपने पर संयम ना रख सका और अपने साथियों के साथ स्वर मिलाकर अलापने लगा। सिंह आदि पशु उसका यह रूप देखकर सारी वास्तविकता जान गये और उसे मार डाला।

इस कहानी को सुनाने के बाद दमनक ने कहा–महाराज! अपने, अपने होते हैं और पराये, पराये होते हैं। अपनों की अपेक्षा का परिणाम कभी हितकर नहीं निकला।

पिंगलक ने पूछा–तुम्हारे पास, संजीवक की मेरे प्रति दुर्भावना का क्या प्रमाण है? दमनक ने कहा–श्रीमन्! उसने स्वयं मुझसे कहा है कि वह प्रातःकाल आपका वध कर देगा। कल प्रातः जब वह आपके दर्शन को आयेगा तो आप स्वयं देख लीजियेगा, उसका मुख क्रोध से लाल होगा। आंखों से आग निकल रही होगी। होंठ फड़फड़ा रहे होंगे। वह चारों ओर सतर्क होकर देखेगा और निश्चिन्त होकर अनुचित स्थान पर बैठेगा। फिर ऐसे आपको देखेगा मानो वह जलाकर राख ही कर देगा। यह कहकर दमनक ने पिंगलक को प्रणाम किया और उससे अनुमति लेकर वहां से चला गया। दमनक अपने चेहरे पर निराशा और उद्विग्नता के भाव लेकर बड़ी धीमी चाल से चलकर संजीवक के पास पहुंचा। संजीवक ने बड़े स्नेह से दमनक का स्वागत किया। बहुत दिनों के अन्तराल में आने का उलाहना दिया तथा कुशल-मंगल बताने को कहा।

दमनक ने सेवा कार्य को क्लिष्ट साधन बताते हुए कहा–महर्षि व्यास ने ठीक ही कहा है–ऐसा कार्य कुत्ते की आजीविका के बराबर है।

राजसेवकों की सम्पत्ति पराधीन रहती है। चित्त अशान्त रहने के कारण उनको अपने जीवन का भी भरोसा नहीं रहता। सेवा द्वारा धन-प्राप्ति की कामना वाले सेवकों ने जो किया उसका अवलोकन करो। इन मूर्खों ने देह की स्वतन्त्रता छोड़ दी। प्रथम तो जन्म होना ही दुःख का कारण है। फिर दरिद्रता के साथ सेवावृत्ति। अहो! दुःख की यह परम्परा चली

जाती है। महाभारत के अनुसार दरिद्र, रोगी, मूर्ख, प्रवासी और नित्य सेवक--यह पांचों सेवक जीवित भी मरे हुए ही हैं। उत्सुकतावश न तो वह स्वेच्छा से भोजन ही कर सकता है और न जागता हुआ भी जागृत समझा जाता है। उसे नि:शंक वचन बोलने की छूट नहीं है। इस प्रकार क्या सेवक भी जीवित है? सेवा को श्वान वृत्ति कहने वालों ने मिथ्या कल्पना की है। पृथ्वी पर शयन, ब्रह्मचर्य कृशता और स्वल्प भोजन करता हुआ सेवक पति जैसी स्थिति में रहता है। किन्तु सेवक का कार्य पाप विषयक और धर्म विषयक होता है। धन-प्राप्ति के लिए सेवक को शीत और उष्णता के जो कष्ट झेलने पड़ते हैं, वह सेवक के धर्म से पृथक न होने के कारण स्वल्प ही रह जाते हैं।

मैं तो कहता हूं कि वह कुत्ते से ही बदतर है। कुत्ता तो एक बार स्वतंत्र भी होता है। परन्तु सेवक को तो अपनी प्रत्येक गतिविधि स्वामी की आज्ञानुसार ही चलानी पड़ती है।

दमनक की उखड़ी-उखडी बातें सुनकर संजीवक ने गम्भीर होकर पूछा, आप आखिर कहना क्या चाहते हैं? दमनक ने गम्भीरता का अभिनय करते हुए कहा--सचिवों के लिए राजा की गुप्त योजना का रहस्य खोलना अच्छा नहीं है। परन्तु आप मेरे कथनों पर विश्वास करके राजकुल में आये हो, अत: आपकी रक्षा का दायित्व अपना कर्तव्य समझकर एक अत्यन्त गुप्त रहस्य भी आपके सामने प्रकाशित कर रहा हूं। क्योंकि मनु महाराज ने कहा है कि यदि किसी व्यक्ति पर विश्वास के कारण कोई दूसरा व्यक्ति मारा जाता है तो उस व्यक्ति की हत्या का पाप विश्वास दिलाने वाले पर लगता है।

पिंगलक तुम्हारे प्रति दुर्भावना रखता है, उसने मुझे एकान्त में बतलाया है कि कल तुम्हारी हत्या करके वह अपने परिजनों की क्षुधा शान्त करेगा। मैंने पिंगलक को मित्र से विरोध ना करने का परामर्श दिया तो वह क्रुद्ध होकर बोला, हम मांसभक्षियों और घासभक्षियों में कैसी मित्रता? हमारा तो महज एक दूसरे से सहज बैर है और सहज बैरी को मारने में कोई दोष नहीं होता है।

नीतिकारों का तो यहां तक कथन है कि शत्रु को मारने में यदि और

उपाय निरर्थक सिद्ध हो जायें तो बुद्धिमान पुरुष को–शत्रु को अपना दामाद बना लेना चाहिए।

उसके अभिप्राय को जानकर मैं अपने कर्तव्य पालन करने के लिए आपके पास आया हूं। अब आपको जो उचित लगे, आप वैसा करने को स्वतंत्र हैं। मैं आपको जाते-जाते इतना बता दूं कि मित्रता और शत्रुता तो समान धन, बल और कुल को ही शोभा देती है। मांसाहारी और शाकाहारी में स्थायी मित्रता की बात सोचना तो मूर्खता के अतिरिक्त और कुछ भी नहीं।

यह सब कहने के बाद दमनक चलने लगा तो दुःखी, चिन्तातुर संजीवक ने उसे आग्रहपूर्वक रोक लिया। संजीवक ने कहा कि यदि वह पिंगलक को प्रसन्न करने की चेष्टा करे तो क्या कोई लाभ हो सकता है? मित्र जब किसी कारण विशेष से रुष्ट होता है तो उस कारण के हट जाने पर ही वह संतुष्ट हो सकता है। फिर भी यदि तुम देखना चाहते हो तो प्रयत्न करके देख लो–हो सकता है कि पिंगलक तुम्हारी चाटुकारिता पर प्रसन्न हो जाये।

उसकी बात सुनकर संजीवक बोला–स्त्री दुर्जन-गम्य और राजा स्नेह विहीन होता है। कृपण के पास धन रहता है, और मेघ पर्वत या दुर्ग पर वर्षा करता है। जो मूर्ख अपने राजा को मान्य समझे वह सींगहीन बैल के ही समान है। मनुष्यों का वन में रहना, भिक्षा करके घर में रहना, अथवा बोझा ढोकर या रोगी होकर जीवित रहना अच्छा है किन्तु बिना अधिकार की सम्पत्ति प्राप्त करना कदापि अच्छा नहीं है।

इसलिए यह मेरे द्वारा उचित नहीं हुआ। कहावत है कि समान धन और समान कुल वालों से ही मित्रता या विवाह होना उचित है। बलवान और निर्बल के मध्य ऐसा होना अनुचित है। मृग मृगों का, गाय गायों का, मूर्ख मूर्खों का और विद्वान विद्वानों का साथ करते हैं। क्योंकि सखाभाव, समान भाव या समान व्यसन वालों में ही निभता है। इसलिए मैं यदि जाकर उसे प्रसन्न करने की चेष्टा करूं तो वह प्रसन्न नहीं हो सकता। उचित भी है कि जो व्यक्ति किसी कारण से क्रोधित हो तो वह उस कारण के समाप्त होने पर ही प्रसन्न हो सकता है। किन्तु अकारण बैर करने वालों

को कैसे प्रसन्न किया जा सकता है।

वह वचन सत्य है कि उपकार करने वाले भक्त परहित में लगे हुए सेवा व्यवहार के तत्त्व के ज्ञाता और द्रोहरहित पुरुषों को भी अस्थिर चित्त वाले स्वामियों द्वारा विपत्ति ही प्राप्त होती है, चाहे उनसे कार्य की सिद्धि न हो पाये। इसलिए राजाओं की सेवा समुद्र के समान सदैव शंका युक्त रहती है। कभी-कभी स्निग्ध भाव से किया गया उपकार भी प्रेम का कारण हो जाता है। मैं यह जान गया हूं कि मुझ पर राजा की कृपा सहन न करने वाले उसके समीपस्थ व्यक्तियों ने उसे मुझ पर कुपित कर दिया है। इसलिए वह मुझ निर्दोष के प्रति इस प्रकार कहता है।

जिस प्रकार विद्वेष रखने वाली सौतें अपने पति की प्रथम पत्नी के उपकार करते रहने पर भी जलन रखती हैं, उसी प्रकार सेवकगण भी स्वामी की किसी अन्य पर कृपा सहन नहीं कर पाते। यह होना स्वाभाविक भी है। समीप में गुणवानों के रहते गुणहीनों पर राजा की प्रसन्नता नहीं रहती। उचित है—अधिक गुणवानों से सामान्य गुणवानों के गुण फीके पड़ जाते हैं।

दमनक ने कहा—मित्र! ऐसा है तो तुम्हें कोई भय नहीं होना चाहिए। दुर्जनों द्वारा भड़काया गया वह सिंह तुम्हारी वचन-रचना से प्रसन्न हो सकता है।

संजीवक ने कहा—मुझे ये संभव नहीं लगता क्योंकि दुष्टों के बीच सज्जन का निर्वाह नहीं हो सकता। वस्तुतः दुष्ट जब इकट्ठे हो जाते हैं तो वे किसी ना किसी बहाने सज्जन को मार ही डालते हैं। काक आदि क्षुद्रजीवों ने एकत्र होकर बेचारे ऊँट को मार डाला था। दमनक के आग्रह पर संजीवक ने कथा आरम्भ की—

OOO

दुष्टों की एकता

किसी वन में मदोत्कट नामक एक सिंह रहता था। उसके तीन सेवक थे—बाघ, गीदड़ और कौवा। एक दिन सिंह ने अपने काफिले से बिछुड़े ऊँट को देखा। उसने अपने तीनों अनुचरों को यह आदेश दिया—पता लगाइये कि यह ऊँट जंगली जानवर है या पालतू पशु है। कौए ने आकर बताया महाराज! यह गांव में रहने वाला पशु और नाम से ऊँट है। यह आपका भोजन है, आप इसे मार डालिये।

सिंह ने कहा—अतिथि के रूप में घर आये सदस्य को मारना अनुचित है। फिर यह हमारी शरण में आया हुआ है। मैं इसका वध नहीं करूंगा। तुम उसे अभय करके ले आओ। ऊँट ने आकर सिंह को प्रणाम किया और साथियों से बिछुड़ने का सारा किस्सा सुनाया। ऊँट की व्यथा सुनकर सिंह को उस पर बहुत दया आयी और उसे उसी जंगल में घूमने और उजली घास खाकर जीवन बिताने को कहा। बाघ, गीदड़ और कव्वा को सिंह की यह उदारता से भरा व्यवहार अच्छा नहीं लगा। परन्तु वे विवश होकर मौन रहे और उपयुक्त अवसर की प्रतीक्षा करने लगे।

एक दिन की बात है—मदमस्त हाथी के साथ भिड़न्त में इतना घायल हो गया कि उसके लिए शिकार करना—यहां तक कि चलना-फिरना भी मुश्किल हो गया। सिंह के अशक्त हो जाने के बाद परिणाम

यह निकला कि सिंह और उसके सेवकों को भूखों रहने की नौबत आ गई। सिंह ने अपने सेवकों से बातों ही बातों में कहा कि वह किसी ऐसे प्राणी की खोज में है जिसे अशक्तावस्था में भी मारकर खा सकूं। साथ ही सबकी भूख भी मिट सके।

सिंह की इच्छा और अपनी आवश्यकता की पूर्ति के लिए चारों बाघ, गीदड़, कव्वा और ऊँट उपयुक्त शिकार की खोज में निकले। परन्तु उन्हें सफलता नहीं मिली। कव्वे और गीदड़ ने मिलकर विचार किया, क्यों न ऊंट को ही अपना शिकार बनाया जाये। अब समस्या यह थी कि सिंह इस पर किस प्रकार से सहमति देगा? दोनों सिंह के पास पहुंचे और अपना प्रस्ताव रखा। सिंह उनका यह प्रस्ताव सुनकर आगबबूला हो गया। जिसे

मैंने अभयदान दे रखा है, उसे तुम मारने का सुझाव दे रहे हो? मैं इस अधर्म कार्य को कैसे कर सकता हूं।

गीदड़ ने विनम्र स्वर में कहा–स्वामिन्! आप पर तो तब पाप लगेगा जब आप उसे अपने हाथों से मारें।

उनकी बातें सुनकर सिंह ने कहा–जैसी तुम्हारी इच्छा हो, करो। लेकिन इसके लिए ऊंट की सहमति भी जरूरी है।

सिंह को आश्वस्त करके और उसकी अनुमति लेकर गीदड़, कव्वा और बाघ ऊंट के पास आकर गम्भीर मुद्रा बनाकर बोले–मित्र! हमारे स्वामी की अवस्था बड़ी ही शोचनीय है। आप जानते हैं कि सारा दिन वन में भटकने पर भी उनको शिकार नहीं मिला है। भूख के कारण हमारा स्वामी जीवित नहीं बच पायेगा। नीतिकारों ने तो स्वामी के लिए स्वेच्छा से प्राणत्याग करने वाले सेवक को धर्मात्मा बतलाया है।

आओ, हम सब अपने स्वामी के लिए अपने प्राण त्याग कर परम पद की प्राप्ति करें।

इस प्रकार ऊंट को झांसा देकर चारों मदोत्कट सिंह के पास आये और उसे प्रणाम करके बैठ गये। सिंह ने पूछा–क्या तुमने भोजन की कोई व्यवस्था की है? कव्वा बोला–महाराज! हमारा भटकना तो सार्थक ना हुआ। ढूंढ़ने पर भी हमें कोई शिकार ना मिला। अब आप हमें ही खाकर अपनी भूख शान्त कीजिये।

तभी गीदड़ बोला–आपको खाने से स्वामी को क्या तृप्ति होगी? स्वामी! आप मुझे खाकर अपनी भूख शान्त कीजिये। इससे मुझे इस लोक में तो यश मिलेगा ही, साथ ही परलोक में भी सद्‌गति को प्राप्त होऊंगा।

गीदड़ के वचनों को सुनकर बाघ उसे पीछे ढकेलता हुआ बोला–स्वामी! आपसे मेरा अनुरोध है कि मुझे खाकर अपनी भूख मिटाएं और मेरे कल्याण के मार्ग खोलें।

तीनों की स्वामिभक्ति को देखकर ऊंट ने सोचा, क्यों ना मैं भी स्वामिभक्त होने का गौरव प्राप्त कर लूं। यह सोचकर बाघ को पीछे ढकेलता हुआ ऊंट बोला–स्वामिन! यह तीनों तो आपके लिए अभक्ष्य हैं।

आज आप मेरे शरीर से ही अपनी क्षुधा शान्त करें। बेचारे ऊंट का यह कहना था कि सिंह की आज्ञा से गीदड़ और बाघ ने मिलकर उसका पेट फाड़ डाला और चारों ने मिलकर भरपेट दावत खाई और मौज उड़ाई।

इस कथा को सुनाकर संजीवक बोला—मित्र! आपका राजा भी क्षुद्र सेवकों से घिरा है। मुझे लगता है कि या तो किसी दुष्ट सेवक ने मेरे विरुद्ध उसके कान भरे हैं या इसका स्वभाव ही घटिया है। इस संकटकाल में मुझे क्या करना चाहिए, यह सुझाव देना आप जैसे मित्र का कर्तव्य हो जाता है।

दमनक बोला—मित्र! यदि आपको मुझ पर विश्वास है तो मैं तो आपको यही सलाह दूंगा कि ऐसे स्वामी को छोड़कर आप तत्काल विदेश चले जायें।

संजीवक बोला—मैंने सुना है, समर्थ व्यक्तियों की भुजा बहुत विशाल होती है। वे दूर बैठे शत्रु को भी दण्ड देने में समर्थ हो जाते हैं। मुझे लगता है कि दूर चले जाने पर भी मैं निश्चिन्तता का जीवन नहीं जी सकूंगा। मुझे तो युद्ध ही एकमात्र उपयुक्त विकल्प दिखाई देता है। मर गया तो स्वर्ग-लोक की प्राप्ति होगी। बच गया तो शेष जीवन सुख और शान्ति से बिताऊंगा। संजीवक का निर्णय सुनकर दमनक सोचने लगा, यदि यह अपने तीखे सींग से पिंगलक का वध करने में सफल हो गया, तब बड़ा अनर्थ हो जायेगा। अतः इसे यहां से भाग जाने को उद्यत करना ही उचित होगा।

यह सोचकर दमनक बोला—मित्र ! आपका विचार तो उत्तम है परन्तु जरा आप सोचिए कि क्या सेवक का स्वामी के साथ युद्ध उचित रहेगा? फिर नीतिकारों का यह भी कथन है कि शत्रु को अधिक बल वाला देखकर व्यक्ति को उत्तेजित नहीं होना चाहिए। बलवान शत्रु के साथ शान्ति और समझौते का मार्ग अपनाना चाहिए। जो शत्रु के बल को भली प्रकार न जानकर बैर प्रारम्भ कर देता है, वह टिट्टिभ के द्वारा समुद्र के समान पराभव को प्राप्त होता है। संजीवक ने पूछा सो कैसे ? उसने कथा आरम्भ की।

○○○

अहंकार का फल

समुद्र के किसी एक भाग में टिट्टिभ या टिटहरी दम्पति रहते थे। कुछ समय पश्चात टिट्टिभी को गर्भधारण हुआ और प्रसवकाल निकट देखकर उसने अपने स्वामी से कहा–हे कान्त! मेरा प्रसवकाल आ रहा है, अतः कोई शान्त स्थान देखिये जिससे कि मैं वहां अण्डे डाल सकूं। टिट्टिभ ने कहा, प्रिये! तुम चिन्ता मत करो, समुद्र हमारे बच्चों को बहा ले जाने का दुस्साहस नहीं कर सकता। तुम यहां निश्चिन्त होकर बच्चों को जन्म दो। टिट्टिभी बोली, स्वामिन! यह स्थान बड़ा खतरनाक है, यहां बड़े-बड़े गजराज पाये जाते हैं और हर पूर्णिमा को समुद्र में ज्वार आता है, तब वह बड़े-बड़े पशुओं को खींच ले जाता है। इसलिए इससे पृथक कोई अन्य स्थान खोजना चाहिए।

यह सुनकर टिट्टिभ ने हंसते हुए कहा–तुम ठीक कहती हो, किन्तु समुद्र में यह सामर्थ्य नहीं कि मेरी सन्तति को नष्ट कर सके।

इधर समुद्र टिट्टिभ की शेखी सुन रहा था। उसने सोचा, इस तुच्छ पक्षी को अपनी शक्ति पर इतना अभिमान है कि वह मुझ जैसे भारी शक्तिशाली को भी कुछ नहीं समझता। सत्य ही है–टिट्टिभ आकाश की ओर अपने पैरों को करते हुए यह सोचता है कि यदि आकाश गिरा तो मैं उसे अपने पैरों पर थाम लूंगा। चलो, समय आने दो, मैं टिट्टिभ की

शक्ति परीक्षण लेने के लिए उसके अण्डों का अपहरण अवश्य करूंगा। ऐसा सोचते हुए वह यथावत् स्थित हुआ।

यथासमय टिट्टिभी ने अण्डे दे दिए। वह उन्हें छोड़कर चारे की खोज में गई। समुद्र ने अण्डों को ज्वार के साथ बहाकर हरण कर लिया। तब लौटकर टिट्टिभी अपने अण्डों वाले स्थान को खाली देखकर अपने पति से कहने लगी–अरे मूर्खो! मैंने पहले ही कहा था कि समुद्र के ज्वार से मेरे अण्डे नष्ट हो जायेंगे। इसलिए दूर चलकर अण्डे रखना उचित है, तुमने मूर्खता और अहंकार के वशीभूत होकर मेरा कहना नहीं माना। अपने शुभचिन्तकों के कथन को अनसुना करने वाला व्यक्ति लकड़ी से गिरकर मरने वाले मूर्ख कछुए के समान होता है।

टिट्टिभ के पूछने पर टिट्टिभी कछुए की कथा सुनाती हुई बोली–

OOO

मूर्ख कछुआ

किसी जलाशय में कम्बुग्रीव नामक एक कछुए का निवास था। सकट, विकट नामक दो हंस उसके परम मित्र थे, जो कि उसी जलाशय के पास रहते थे। अनेक देवर्षियों-महर्षियों की कथाएं कहते थे। वे दोनों सूर्यास्त के समय अपने घोंसले को चले जाते। कुछ समय के बाद अनावृष्टि से वह जलाशय अपने आप सूखने लगा। तब वे अत्यन्त दु:खी होकर कछुए से कहने लगे–मित्र! यह जलाशय तो नितान्त शुष्क हो गया। अब तुम यहां कैसे रहोगे? यह सुनकर कछुआ बोला–मित्र! जल के बिना तो जीवन ही नहीं, इसलिए अब कोई उपाय सोचना चाहिए। कथन है कि विपरीत काल उपस्थित होने पर भी धैर्य से काम लेना चाहिए। सम्भव है धैर्य से कोई मार्ग सूझ जाये। इसलिए कोई सुदृढ़ रस्सी ले आओ और फिर जल से परिपूर्ण सरोवर देखकर मुझे वहां पहुंचा दो। मैं अपने दांतों से उस लकड़ी अथवा रस्सी के मध्य भाग को पकड़ लूंगा। और तुम दोनों उसके किनारों को पकड़ कर उसे मेरे सहित समुद्र में डाल देना। यह सुनकर उन दोनों ने कहा–हे मित्र! हम अवश्य ऐसा करेंगे। किन्तु तुम मौनव्रत धारण लिये रहना वरना तुम रस्सी या काष्ठ से गिर पड़ोगे। फिर वे काष्ठ की एक हल्की डण्डी खोज लाए। कछुए ने उसे बीच से दृढ़तापूर्वक पकड़ लिया। उसे इस प्रकार जाता देखकर लोग तरह-तरह से विस्मित होकर

कोलाहल करने लगे। कम्बुग्रीव से न रहा गया और बोल पड़ा—अहो! यह कोलाहल कैसा है? किन्तु उसके मुख से अभी यह बात आधी भी न निकलने पाई थी कि वह गिर गया और उसके गिरते ही नगरवासियों ने उसके टुकड़े-टुकड़े कर दिये।

इस कथा को सुनाकर टिट्टिभी बोली—पतिदेव, यहां यह भी विचारणीय है कि जो व्यक्ति भविष्य के लिए सावधान नहीं रहता, भावी विपत्ति से बचाव का उपाय नहीं सोचता तब वह यद्‌भविष्य मगरमच्छ के समान तड़प-तड़प कर प्राण देने को विवश हो जाता है।

अपने पति टिट्टिभ की उत्सुकता देखते हुए टिट्टिभी ने कथा आरम्भ की—

○○○

मगरमच्छ की कथा

किसी जलाशय में अनागतविधाता, प्रत्युत्पन्नमति और यद्‌भविष्य नाम वाले मगरमच्छ बड़े ही प्रेमभाव से रहते थे। एक बार जलाशय पर आये मछुओं ने उन्हें देखकर कहा–अहो! इस सरोवर में बड़ी मछलियां हैं। हमने कभी इसे खोजा ही नहीं। किन्तु इस समय तो संध्याकाल हो गया और भोजन का समय भी व्यतीत हो गया। सवेरे यहां आना निश्चित रहा। प्रात:काल यहीं जाल डालेंगे।

उन मछुआरों के इन हृदयविदारक वचनों को सुनकर अनागतविधाता ने तालाब की सभी मछलियों को इकट्‌ठा करके मछुआरों की योजना की जानकारी दी और साथ ही यह सुझाव दिया कि प्रात:काल होने से पहले हमें यह तालाब छोड़ देना चाहिए, नहीं तो हमारी मृत्यु निश्चित है।

प्रत्युत्पन्नमति ने अनागतविधाता के प्रस्ताव का समर्थन किया और कहा कि अपने स्थान से चिपटे रहने वालों का तो विनाश निश्चित है। ऐसा सुनकर यद्‌भविष्य उच्च स्वर में हंसकर कहने लगा–आपने बड़ा सुन्दर परामर्श दिया है। क्या मछुआरों के वचनों को सुनकर आप अपने पैतृक स्थान को छोड़ना बुद्धिमानी समझते हैं? कथन है कि जिस जीव का जीवन शेष है, वह तो दैव द्वारा रक्षित होकर सुरक्षित रहता है, किन्तु सुरक्षित मनुष्य भी यदि दैव द्वारा हत हो चुका है तो वह बच नहीं सकता।

वन में छोड़ा अनाथ शिशु भी सुरक्षित रहता है और घर में उपाय करने पर भी वह नष्ट हो जाता है। अत: मैं तो किसी और स्थान को नहीं जाऊंगा। आपको जो उचित प्रतीत हो, करिये। उसका यह निश्चय सुनकर अनागतविधाता और प्रत्युत्पन्नमति सपरिवार जलाशय से अन्यत्र चले गये। प्रात:काल होने पर मछुओं ने वहां जाल डाले और सरोवर यद्‌भविष्य सहित सब मत्स्यों से विहीन कर दिया।

यह सुनकर टिट्टिभ ने कहा–प्रिये! क्या मैं यद्‌भविष्य जैसा मूर्ख हूं? अब तुम्हें मैं अपनी बुद्धि का प्रभाव दिखाता हूं। मैं इस दुष्ट समुद्र को अपनी चोंच से पीकर शुष्क कर दूंगा। टिट्टिभी बोली–समुद्र के साथ कैसा विग्रह? इस पर क्रोध करना अनुचित है। कथन है–असमर्थों का क्रोध करना नाश करने वाला होता है। बहुत अधिक प्रज्वलित हुई भट्ठी अपनी समीपस्थ वस्तुओं को ही भस्म करती है। अपनी या दूसरे की शक्ति का ज्ञान हुए बिना ही जो उसका सामना करे, वह अग्नि में गिरे पतंगे के समान नष्ट हो जाता है। टिट्टिभी ने कहा, प्रिये! ऐसा न कहो। जिसमें उत्साह व शक्ति है वह बलहीन भी बड़े-बड़े बलवानों पर आक्रमण कर देते हैं। कथन भी है कि विशेष रूप से ऐसे व्यक्ति बल से परिपूर्ण शत्रु से भिड़ जाते हैं। जैसे ही राहु चन्द्रमा से अब भी भिड़ता हुआ देखा जाता है।

बाल सूर्य की किरणें पर्वतों पर गिरती हैं। इसी प्रकार जो पुरुष तेजसहित उत्पन्न होते हैं उनकी आयु नहीं गिनी जाती। हाथी अत्यन्त स्थूल होकर भी अंकुश के वश में रहता है। दीपक के जलते ही अन्धकार नष्ट हो जाता है। इसलिए मैं अपनी चोंच द्वारा ही समुद्र का सब जल शुष्क कर डालूंगा। इस कथन को सुनकर टिट्टिभी बोली, हे कान्त! नौ सौ नदियों के सहित गंगाजी जिस समुद्र में प्रविष्ट होती हैं तथा सिंघनव भी उसी में जा मिलता है, अत: तुम अट्ठारह सौ नदियों द्वारा नित्य परिपूर्ण होने वाले उस समुद्र को केवल जल की बूंद ग्रहण करने वाली अपनी चोंच से कैसे सींच लोगे। फिर ऐसी श्रद्धा रहित उक्ति से क्या लाभ? टिट्टिभ बोला–प्रिये! हताहत होना ही पराजय के चिह्न हैं। उत्साह में बड़ी शक्ति है। उत्साही व्यक्ति अपने से अधिक शक्तिशाली का विनाश करने में भी समर्थ–सफल हो जाता है।

टिट्टिभी ने कहा—यदि समुद्र से बैर ही करना है तो अन्याय विहगों को बुलाकर उन्हें साथ लेकर ही करना। तिनकों को मिलाकर तैयार की गई रस्सी से हाथी भी बंध जाते हैं। टिट्टिभ बोला, सो कैसे? टिट्टिभी कहने लगी—

किसी वन प्रदेश में गौरेया का एक जोड़ा तमाल वृक्ष में घोंसला बनाकर रहता था। कुछ काल व्यतीत होने पर उनके सन्तान हुई। एक दिन गजेन्द्र धूप से व्याकुल होकर उस वृक्ष की छाया में पहुंचा। उसने मद की तीव्रतावश उस शाखा को अपनी सूंड के अग्रभाग से खींचकर तोड़ डाला, जिस पर गौरेया दम्पति थे। शाखा टूटने से उसके सब अण्डे फूटकर टूट गये। किन्तु आयु शेष रहने से दम्पति बच गये। अपने अण्डों के नष्ट होने से गौरेया रो रही थी कि तभी उसका एक साथी कठफोड़वा यह देखकर बहुत दु:खी हुआ और बोला—देवी! विलाप करने से तुम्हारे बच्चे जीवित नहीं हो जायेंगे। अत: विलाप करना तो अपनी बुद्धिहीनता का परिचय देना है। वास्तव में बुद्धिमान और मूर्ख में अन्तर ही यही है। बुद्धिमान नष्ट वस्तु का शोक नहीं करते, जबकि मूर्ख व्यक्ति रोने-चिल्लाने के सिवा कुछ नहीं करता।

चिड़िया ने कहा—मित्र! आप सत्य कहते हैं, जिस पर बीतती है वही जानता है। यदि आप मेरे सच्चे हितैषी हैं तो दुष्ट गजानन के वध का उपाय सोचिये। जिसे करके मुझे शान्ति मिलेगी और मेरी सन्तान की ओर से मिला दु:ख भी कम हो जायेगा। कठफोड़वा बोला—मैं तुम्हारी अवश्य सहायता करूंगा। अब तुम मेरी बुद्धि का प्रभाव भी देखोगी। वीणारव नामक एक मक्खी मेरी मित्र है। उसे मैं यहां लाऊंगा जिससे हाथी की मृत्यु हो सके। यह कहकर कठफोड़वा उस मक्खी के पास पहुंचकर बोला—प्रिये! मेरी इष्ट इस गौरेया का, किसी हाथी द्वारा इसके अण्डे नष्ट किये जाने से तिरस्कार हुआ है। अत: उसके वधोपाय में तुम मेरी सहायिका बनो। मक्खी बोली—भद्र! इस विषय में तुम मुझसे क्या कहना चाहते हो? मेघनाद नामक मेंढक हमारा मित्र है। मैं उसे बुलाती हूं। मिलकर योजना बनाने में लाभ ही होगा।

मेंढक के आ जाने पर चारों ने योजना बनाई। वीणारव मक्खी दोपहर

के समय हाथी के कान के पास जाकर वीणा जैसा स्वर निकाल कर उसकी आंखों को बन्द कर देगी। उसी समय काष्ठकुट्ट अपनी चोंच से हाथी की आंख फोड़ देगा। वह अन्धा हो जायेगा। प्यास से व्याकुल हाथी हल की खोज में निकलेगा। मेघनाद मेंढक अपने परिवार के साथ गहरे गड्ढे में टर्र-टर्र की आवाज निकालेगा। जिसे सुनकर वह हाथी उस गड्ढे में गिर जायेगा और भूख-प्यास के कारण प्राण त्याग देगा। और ऐसा ही हो भी गया।

टिट्टिभ बोला–भद्रे! इसी प्रकार से होगा। मैं अपने मित्रों के साथ मिलकर इस समुद्र को सोख लूंगा। ऐसा निश्चय प्रकट कर उसने बगुला, सारस, मोर आदि को आमन्त्रित करते हुए कहा–बन्धुओ! समुद्र ने मेरे अण्डों का हरण करके मेरा तिरस्कार किया है। इसलिए इसके शोषण का कोई उपाय सोचिये। तब उन पक्षियों ने परस्पर मंत्रणा की और बोले–हम लोग समुद्र का शोषण करने में समर्थ नहीं हैं। फिर वृथा प्रयास क्यों किया जाये? कथन है जो बलरहित पुरुष मद से मोहित होकर सबल शत्रुओं से युद्ध ठाने, वह टूटे हुए दांत वाले हाथी के समान रणक्षेत्र से लौटता है। गरुण हम सब पक्षियों का स्वामी है, अतः उसके पास चलकर अपनी दुर्दशा का वर्णन करें। वे अपनी जाति के तिरस्कार से रुष्ट होकर अवश्य इसका बदला लेंगे। कथन भी है कि सशक्त स्वामी से अपना दुःखी निवेदन करने पर जीव सुखी ही होता है।

ऐसा विचार करके सब उदास पक्षी अपने स्वामी गरुण के पास पहुंचे और कहने लगे–अहो अमंगलम आप जैसे स्वामी के होते हुए भी समुद्र ने इस सदाचरण वाले टिट्टिभ के अण्डों का हरण कर दिया। इस प्रकार तो पक्षी-कुल ही नष्ट हो जायेगा। और समुद्र अन्य पक्षियों को जब भी चाहेगा नष्ट कर डालेगा। प्रजा के उत्पीड़न से हुई अग्नि राजा की लक्ष्मी, कुल तथा प्राणों तक को भस्म कर देती है। राजा ही न्यायानुवर्ती पुरुषों का माता-पिता होता है। जैसे कि प्रयत्नशील रक्षित सूक्ष्म बीज के अंकुर समय पर फल दिया करते हैं, वैसे ही सुरक्षित हुई प्रजा भी फल दिया करती है।

उनके इन वचनों को सुनकर और टिट्टिभ के दुःख से दुखित गरुड़

ने क्रोध पूर्वक विचार किया–अहो! यह पक्षी सत्य ही कहते हैं। मैं आज ही जाकर समुद्र का शोषण कर लूंगा। तभी एक विष्णुदूत ने आकर उनसे कहा–हे गरुड़! भगवान नारायण ने मुझे तुम्हारे पास भेजा है। देवकार्य के लिए भगवान को अमरावती के लिए प्रस्थान करना है। अत: तुम शीघ्र वहां जाओ। यह सुनकर गरुड़ साभिमान बोले–हे देवदूत! तुम उनसे जाकर कहो कि मेरे स्थान पर वह कोई अन्य सेवक नियुक्त कर लें।

दूत बोला–हे गरुण! इससे पूर्व कदाचित तुमने भगवान के प्रति ऐसे कठोर शब्द प्रयोग नहीं किये थे। यह बताओ कि क्या भगवान के द्वारा तुम्हारा कोई अपमान हुआ है? गरुड़ ने उत्तर दिया–भगवान के आश्रयभूत समुद्र ने इस टिट्टिभ के अण्डों का हरण किया है। इसलिए मैं भगवान की तब तक सेवा नहीं कर सकता जब तक इसे दण्डित नहीं किया जायेगा।

दूत के मुख से गरुड़ के विचार सुनकर भगवान विचार करने लगे–ओह! गरुड़ का क्रोध उचित नहीं है। स्वयं उसके पास जाकर उसे ससम्मान यहां लाऊंगा। कथन भी है, भक्त सशक्त और कुलीन भृत्य को तिरस्कृत न करे। इस प्रकार सोचकर भगवान गरुड़ के पास शीघ्र ही पहुंचे। भगवान को आया देख गरुड़ ने सारा वृत्तांत वैसा का वैसा सुना दिया।

भगवान समुद्र के समीप पहुंचे। उसकी भर्त्सना करते हुए अग्नेयास्त्र संधान कर कहा–ओ दुरात्मा! टिट्टिभ के अण्डे अभी वापस कर, अन्यथा तेरा शोषण कर लूंगा। तब समुद्र ने भयभीत होकर अण्डे वापस कर दिये।

दमनक बोला–इस प्रकार पुरुषों को उद्यम नहीं छोड़ना चाहिए। मित्र! इसी से कहता हूं, कभी-कभी शत्रु की शक्ति का गलत अनुमान लगाने का अथवा उसे तुच्छ समझने का बहुत बुरा फल भुगतना पड़ता है।

दमनक ने आगे कहा–बन्धो! यह जानना तो कुछ कठिन नहीं है। यदि पिंगलक आपको देखकर भौं चढ़ाए, जीभ लपलपाये या आंखें ततेरने लगे तो उसे अपने प्रति रुष्ट अन्यथा तुष्ट समझ लेना।

इस प्रकार बातचीत करने के उपरान्त संजीवक से अनुमति लेकर

दमनक अपने निवास-स्थान को चल पड़ा।

करटक ने दमनक को आते देख कुशल समाचार के बाद पिंगलक और संजीवक के विषय में पूछा। इस पर दमनक बोला मित्र! मैंने भेदनीति का बीज डाल दिया है। और मुझे विश्वास है कि वह अपना रंग अवश्य दिखलाएगा। नीतिकारों का मानना है–विजय तो उद्यमियों के चरण छूती है। कायर पुरुष ही भाग्य पर निर्भर करते हैं। दैव की उपेक्षा करके अपनी शक्ति लगाकर कार्य सिद्ध का प्रयत्न करना चाहिए। यदि सफलता नहीं मिली तो भाग्य को प्रधान नहीं मानना चाहिए। अपितु यह देखना चाहिए कि मेरे प्रयास में कहां त्रुटि अथवा न्यूनता है। उसका सुधार करे परिश्रम की सफलता तो निश्चित है। मुझे भी अपने उद्यम की सफलता पर पूरा विश्वास है। दमनक की बात सुनकर करटक ने दो विश्वस्त मित्रों में फूट डलवाने के लिए झूठ का सहारा लेने के लिए दमनक की निन्दा की तो दमनक बोला मित्र! आप नीतिशास्त्र को नहीं जानते। तभी ऐसी बातें कर रहे हैं। नीतिकारों ने स्पष्ट कहा है कि, अपने हृदय को कठोर और वाणी को मधुर बनाकर शत्रु को अपने जाल में फंसाना और मार डालना ही धर्म है। इसका कोई दूसरा विकल्प नहीं। जिसने हमारा मन्त्री-पद छिनवा दिया, वह हमारा और आपका शत्रु ही है। उसको मरवाना हमारा धर्म है। अपने स्वार्थ-साधन के लिए शत्रु को पीड़ित करने वाला चतुर व्यक्ति चतुरक गीदड़ के समान अपने कार्य की सिद्धि भी कर लेता है और दूसरों को अपनी धूर्तता का पता भी नहीं चलने देता।

करटक की उत्सुकता पर चतुरक गीदड़ की कथा सुनाते हुए दमनक बोला–

OOO

चतुर गीदड़ की कथा

किसी वन प्रदेश में वज्रदष्ट नामक एक सिंह रहता था। उसके साथ चतुरक और क्रव्यमुख नामक श्रृगाल और भेड़िये आज्ञाकारी सेवक थे। एक दिन सिंह ने अपने झुण्ड से अलग-थलग पड़ी तथा प्रसव पीड़ा से कराहती एक ऊंटनी को देखा-उसने अपने स्वभाववश उसक पेट फाड़ डाला। सिंह ने ऊंटनी का मांस खाकर बहुत आनन्द का अनुभव किया किन्तु उसके पेट से निकले बच्चे को देखकर उसका मन करुणा से भर उठा। वह उसे अपने परिवार के साथ अपने निवास स्थान पर ले आया और स्नेहपूर्वक उससे बोला-भद्र! तुझे, मुझसे या किसी अन्य से मृत्यु का भय नहीं है। अत: तू स्वेच्छापूर्वक विचरण कर। तेरे कान शंकु के समान होने के कारण तेरा नाम शंकुकर्ण रखा। इसके पश्चात वे चारों सुखपूर्वक निवास करने लगे। जब शंकुवर्ण यौवनावस्था में आरूढ़ हुआ, वह क्षण-भर के लिए भी सिंह का साथ न छोड़ता था। एक दिन किसी अन्य गजराज से सिंह का युद्ध ठन गया। सिंह लहूलुहान हो गया। अन्त में शिकार के योग्य न होने के कारण बेचारे शंकुकर्ण को ही सिंह, श्रृगाल तथा भेड़िये का भोजन बनना पड़ा।

इस कहानी को सुनकर दमनक बोला-मित्र! बुद्धिमान व्यक्ति वह है जो अपनी कूटनीति से दूसरों को हानि पहुंचाकर भी स्वयं सामने

नहीं आता।

इधर दमनक के चले जाने पर संजीवक ने सोचा–शाकाहारी होने पर भी मांसाहारी से मित्रता करके मैंने अच्छा नहीं किया। अब मैं क्या करूं, समझ में नहीं आता। किसी और स्थान जाने से अच्छा है एक बार पिंगलक से मिल तो लूं। इतने दिनों का सम्बन्ध यकायक तोड़ना तो अच्छा नहीं।

पिंगलक के पास पहुंचकर संजीवक ने उसकी मुद्रा को दमनक द्वारा बताए रूप में देखा तो बिना प्रणाम किये ही भाग खड़ा हुआ। पिंगलक ने संजीवक के आचरण को देखा तो उसे दमनक के कथन पर विश्वास हो गया और तत्काल संजीवक पर टूट पड़ा। इधर संजीवक ने भी अपने तीखे सींगों से पिंगलक का उदर फाड़ डाला।

पिंगलक और संजीवक के घमासान युद्ध को देखकर करटक ने दमनक को उलाहना देते हुए कहा–मित्र! आपने इस प्रकार की स्थिति को बनाकर ठीक नहीं किया। संजीवक के आघातों से यदि पिंगलक की मृत्यु हो गई तो आपको क्या मिलेगा? वस्तुतः मुझे तो लगता है कि आप जैसे पर विश्वास करके स्वामी ने अपनी मूर्खता का परिचय दिया है। यदि आप पिंगलक के मन्त्री बन भी गये तो उनको जब आपकी वास्तविकता का परिचय मिलेगा तो आपसे घृणा ही करने लगेंगे। मजबूत लोहे का डण्डा झुकाया जा सकता है, पत्थर को पिघलाया जा सकता है परन्तु दुष्ट बुद्धि वाले व्यक्ति को कभी समझाया नहीं जा सकता। इस सम्बन्ध में महर्षि ने उसे सूचिमुख द्वारा वानरों के झुण्ड को समझाने और उसका फल भुगतने की एक कथा सुनाई थी, जो इस प्रकार है–

OOO

वानरों का झुण्ड

किसी पर्वत पर वानरों का एक झुण्ड रहता था। वह हेमन्तकाल की अति कठोर वायु से कांपते हुए इधर-उधर भटक रहे थे। तब इनमें से कुछ वानरों ने अग्निकाल के समान प्रतीत होने वाले गुंजाफलों को एकत्रित करके अग्नि की अभिलाषा करते फूंक मारते हुए उस ढेर के चारों ओर बैठ गये। उनके उस परीक्षण को व्यर्थ जानते हुए सूचिमुख नामक पक्षी ने उन्हें सलाह दी--हे वानरों! तुम सभी मूर्ख हो। ये अग्नि के फल नहीं वरन् गुंजाफल हैं। इसलिए व्यर्थ परिश्रम क्यों कर रहे हो? इनके द्वारा तुम्हारी शीत से रक्षा नहीं हो सकती। अभी भी घटाटोप मेघ घुमड़ते हुए दिखाई दे रहे हैं। यह सुनकर एक वृद्ध वानर से उससे कहा--अरे मूर्ख! तुझे इस सबसे क्या प्रयोजन! इसलिए यहां से चला जा।

जिसके द्वारा कार्य में बार-बार विघ्न पड़े, जो जुआ खेले और जो पराजित हो चुका है, ऐसे व्यक्ति से कभी बात नहीं करनी चाहिए। सचमुच बेचारा वृद्ध वानर का आदर करता हुआ सब वानरों से बारम्बार यही कहता रहा--हे वानरो! व्यर्थ क्लेश से क्या लाभ होगा? जब पारस्परिक प्रलाप किसी प्रकार भी शान्त न हुआ तब अपने व्यर्थ हुए श्रम को देखकर कुपति वानर ने उसके दोनों पंख पकड़कर उसे पत्थर पर पटक कर मार दिया।

उपदेश से मूर्खों को क्रोध आता है, शान्ति नहीं आती। इसलिए

ऐसे-वैसे व्यक्ति को कभी उपदेश न दो। देखो एक मूर्ख वानर ने उस श्रेष्ठ गृहस्थ को गृहहीन कर दिया। उसने कथन प्रारम्भ किया-

○○○

मूर्ख का क्रोध

किसी वन प्रदेश में एक घने वृक्ष की लम्बी शाखा पर गौरेया दम्पति रहते थे। वे अपना जीवन सुखपूर्वक व्यतीत कर रहे थे कि तभी मेघों ने मन्द-मन्द बरसना प्रारम्भ किया। तभी पवन और वर्षा के जल से तर हुए देह वाला एक वानर ठण्ड से कम्पित दांतों से शब्द करता हुआ उस वृक्ष के नीचे आ बैठा। उसे इस अवस्था में बैठा देखकर चटक भार्या ने कहा–हे भद्र! हाथ-पांव से तो समन्वित पुरुषाकार दिखाई देते हो। अरे मूर्ख! तू ठंड से दुःख भोगता हुआ भी अपना गृह क्यों नहीं बना लेता? यह सुनकर वानर ने अत्यन्त ढीठ हंसी हंसते हुए कहा–अहो! तू तुच्छ प्राणी की यह मजाल जो मेरी हंसी उड़ाए। तुझे मेरी चिन्ता से क्या प्रयोजन! कथन भी है यदि कोई श्रद्धा सहित पूछे, उसी को उपाय बताए। क्योंकि श्रद्धाहीन से कुछ भी कहना व्यर्थ ही है।

अब तो वानर वृक्ष की डाल के ऊपर चढ़ गया और उसने उसके घोंसले के सैकड़ों टुकड़े कर दिये।

करटक को कथा सुनाकर दमनक बोला–इसीलिए मैं कहता हूं, तुम जैसे मूर्ख को शिक्षा देना शिक्षा का नाश करने के समान है। क्योंकि शिक्षा सज्जन का ही कल्याण करती है, दुर्जन पर उसका कोई प्रभाव नहीं पड़ता। कथन है अयुक्त स्थान में पाण्डित्य क्या करेगा। जैसे कि अन्धकार से

युक्त घट के ऊपर रखा गया दीपक उसके आन्तरिक अंधेरे को नष्ट नहीं कर सकता। इसलिए व्यर्थ के पाण्डित्य के आश्रय में तूने न तो मेरे वचनों को सुना और न आत्मशक्ति का ही उपाय जान सका। क्योंकि तू तो अधम है। दूसरों के दुःख से हर्षित होने वाला खल अपने विनाश की भी कुछ गणना नहीं करता।

करटक दमनक के इन नीति–वचनों को सुनकर बोला–अहो! यह समस्त वचन यथार्थ हैं। धर्मबुद्धि और कुबुद्धि दोनों ही मैं जान गया हूं। पुत्र के व्यर्थ कार्य से जैसे उसका पिता धुएं से मर गया, वही हालत होती है मूर्ख को शिक्षा देने की।

दमनक के आग्रह पर करटक ने कथा प्रारम्भ की–

OOO

धर्मबुद्धि और पापबुद्धि

किसी नगर में धर्मबुद्धि और पापबुद्धि नामक दो भाई रहते थे। एक दिन पापबुद्धि ने सोचा कि मैं मूर्ख और दरिद्र हूं, क्यों न अपने भाई धर्मबुद्धि को साथ लेकर दूसरे देश में जाकर धन कमाने का यत्न करूं। जब कुछ धन जुड़ जायेगा तो मैं युक्तिपूर्वक धर्मबुद्धि को ठग लूंगा। और फिर सुखी और निश्चिन्त जीवन बिताऊंगा।

अपने मन में इस प्रकार की योजना बनाकर कुबुद्धि अपने भाई धर्मबुद्धि के पास जाकर बोला–आपने अपने जीवन में दूसरे देशों की यात्रा नहीं की है। इससे आपको दूसरी भाषाओं, दूसरे देशों के आचार-विचार और रीति-रिवाजों की कुछ भी जानकारी नहीं। वस्तुतः जिस प्रकार धन के बिना व्यक्ति सुखी नहीं रह सकता, उसी प्रकार बहुमत और बहुज्ञानी हुए बिना तुम अपनी सन्तान से क्या कहोगे? कथन भी है, जिसने देश-देशान्तर में घूमकर अनेक भाषाएं नहीं सुनीं, उस मनुष्य का जन्म पृथ्वी पर व्यर्थ ही हुआ। चित्त और शिल्प को मनुष्य भली प्रकार से तब तक प्राप्त नहीं कर सकता जब तक वह देश-देशान्तर में भ्रमण न करे।

उसकी ये बातें सुनकर धर्मबुद्धि ने गुरुजनों से आज्ञा ली और एक शुभ दिन देखकर उसने यात्रा आरम्भ की। भ्रमण करते हुए पापबुद्धि ने धर्मबुद्धि के प्रभाव से अच्छा धन अर्जित किया। और तब वे दोनों उस

बहुत सारे धन के सहित, उत्कंठापूर्वक अपने घर लौट आये। कहावत है–विद्या, व्यर्थ, शिल्प में पारंगत हुए देशान्तर पुरुषों को मातृभूमि का एक कोस भूभाग भी सौ योजन के समान विस्तृत जान पड़ता है।

अपने घर के निकट पहुंचकर पापबुद्धि ने उससे कहा–हे भद्र! इस सम्पूर्ण धन को घर पर ले जाना अनुपयुक्त होगा क्योंकि इससे लोग ईर्ष्या

करेंगे और कुटुम्बी मांगने लगेंगे। यह भी सम्भव है कि कोई चोर या ठग हमें लूटने की ही योजना बना ले। अतः मेरा विचार है कि कुछ धन समीप के किसी सुरक्षित स्थान पर गाड़ दिया जाये। और हम अपनी आवश्यकतानुसार समय-समय पर निकाल लिया करें। कथन भी है कि धनवान व्यक्ति अपना धन किसी को न दिखावे क्योंकि उससे बड़े मुनि का मन भी बदल जाता है।

उसकी बात धर्मबुद्धि की समझ में आ गई। उसने कहा—भद्र! मैं वैसा ही करूंगा जैसा तुमने कहा। और ऐसा करके दोनों अपने घरों में जाकर सुखपूर्वक सो गये।

एक दिन आधी रात को पापबुद्धि ने अपनी योजनानुसार जंगल में जाकर सारा धन अपनी गाड़ी में भर लिया। और उसको चोरी करके अपने घर ले गया।

दूसरे दिन पापबुद्धि, धर्मबुद्धि के पास पहुंचा और बोला—भाई! हमारा कुटुम्ब बहुत बड़ा है। उसके पास धनाभाव भी है। मुझसे उनका यह कष्ट देखा नहीं जाता, इसलिए वहां चलकर उनकी सहायता के लिए कुछ धन ले आना उचित होगा। तुम भी मेरे साथ चलो ताकि तुम्हारी उपस्थिति में मैं कुछ धन निकाल कर सकूं। वहां पहुंचकर गड्ढा खोदकर बरतन को निकाला गया तो वह खाली था। पापबुद्धि ने सिर पीटने और रोने- चिल्लाने का अभिनय करते हुए धर्मबुद्धि पर धन चुराने का आरोप लगाया।

धर्मबुद्धि ने शपथपूर्वक कहा—अरे दुरात्मा! ऐसा मत कह, मैं धर्मबुद्धि हूं। चोरी नहीं करता। इस प्रकार विवाद लेकर वे दोनों धर्माधि कारी के पास पहुंचे। एक-दूसरे पर आरोप लगाते हुए अपनी बात कहने लगे। न्यायाधीश ने सत्य का पता लगाने के लिए दिव्य परीक्षा का आदेश दिया तो पापबुद्धि ने इसका विरोध करते हुए शास्त्रों की दुहाई दी। उसने कहा—शास्त्रकारों ने स्पष्ट लिखा है—

किसी भी विवाद के निर्णय के लिए सर्वप्रथम लेखबद्ध प्रमाणों को रखा जाना चाहिए। लेखबद्ध प्रमाण न मिलने पर गवाहों पर विश्वास करना चाहिए और गवाहों के भी न मिलने पर दिव्य परीक्षा का प्रयोग करना चाहिए।

पापबुद्धि ने आगे कहा--इस विवाद में तो वृक्ष देवता साक्षी के रूप में विद्यमान हैं। वह साधु और चोर के विषय में बता ही देंगे। अत: दिव्य परीक्षा की आवश्यकता कहां उपस्थित होती है।

धर्माधिकारी ने पापबुद्धि की आपत्ति को स्वीकार कर लिया और दूसरे दिन प्रात:काल वृक्ष का साक्ष्य लेने की घोषणा की।

पापबुद्धि ने घर आकर अपने पिता को बताया--हे तात! मैंने धर्मबुद्धि का प्रभूत धन चुरा लिया है। वह आपके वचनों से हमारे पास ही रह सकता है। पापबुद्धि का पिता भी दुष्ट स्वभाव का था। अत: उसने अपने पुत्र के कुकर्म में सहायक बनना स्वीकार कर लिया। फलत: वह पापबुद्धि के साथ प्रात:काल होते ही उस वृक्ष की कोटर में घुसकर बैठ गया।

प्रात:काल धर्माधिकारी ने वृक्ष को सम्बोधित करते हुए कहा--ईश्वर, सूर्य, चन्द्रमा आदि नक्षत्रों, देवी-देवताओं तथा भूत-प्रेतों को साक्षी मानकर उच्च स्वर में बताएं कि धन किसने चुराया है?

धर्माधिकारी के स्वर को सुनकर वृक्ष की कोटर में छिपा पापबुद्धि का पिता बोला--अहो! सुनो, सुनो! इस धन का हरण धर्मबुद्धि ने किया है। यह सुनकर विस्मित धर्माधिकारी धर्मबुद्धि को शास्त्र दृष्टि से दण्ड देने की बात सोचने लगा। तब तक धर्मबुद्धि ने उस वृक्ष की कोटर को तृण आदि से ढका और उसमें अग्नि प्रज्वलित कर दी। तब उस वृक्ष से अधजली देह तथा फूटे नेत्रों को लेकर पापबुद्धि का पिता विलाप करता हुआ बाहर निकल कर भागा। उसे देखकर सबको बड़ा आश्चर्य हुआ। कारण पूछने पर उसने सारा वृत्तांत सुना दिया और प्राण त्याग दिये।

राजपुरुषों ने धर्माधिकारी की आज्ञानुसार पापबुद्धि को वृक्ष के तने से बांध दिया और कहने लगे--किसी ने यथार्थ ही कहा है कि प्राज्ञपुरुष को उपाय के साथ अपाय की भी चिन्ता करनी चाहिए। क्योंकि एक मूर्ख बगुले को देखते हुए भी नेवले ने उसके बच्चों का भक्षण कर लिया था।

धर्मबुद्धि के पूछने पर राजपुरुषों ने कहना प्रारम्भ किया--

OOO

धूर्त सर्प

किसी वन प्रदेश में बहुत से बगुलों से समन्वित एक वट वृक्ष था। उसके कोटर में एक काला नाग रहता था। वह पंख निकलने से पूर्व ही बच्चों का भक्षण करता हुआ जीवन-यापन करता था। उसके द्वारा अपनी सन्तति का भक्षण होता देखकर और शिशुओं की मृत्यु से दु:खित होकर वह बगुला नदी-तट पर जाकर नेत्रों में आंसू-भरे मुख को नीचे की ओर करके बैठ गया। उसे उस दशा में देखकर एक केकड़े ने कहा—मामा आज तुम रो क्यों रहे हो? वह बोला—भद्र! क्या करूँ! मुझ मन्दभागी के बालकों का, कोटर में रहने वाले सर्प ने भक्षण कर लिया है। मैं उसी दु:ख से दु:खित होता हुआ रोता हूं। उस सर्प को नष्ट करने का कोई उपाय हो तो मुझसे कह। यह सुनकर केकड़ा बोला—यह तो हमारी जाति का स्वाभाविक शत्रु है। मैं सत्य और असत्य से मिश्रित ऐसा उपदेश इसे दूंगा जिससे कि सब बगुले नष्ट हो सकेंगे।

कथन है कि नवनीत के समान कोमल वाणी और दयाहीन चित्त से बैरी को इस प्रकार प्रबोधित करें जिससे कि उसका समूल नाश हो जाये।

उसने कहा—मामा! यदि ऐसा है तो तुम नेवले के बिल के मुख से सर्प के कोटर पर्यन्त मांस के टुकड़े बिखेर दो। ऐसा होने पर नेवला उस मार्ग से चलकर सर्प के पास पहुंच जायेगा और उसे मार देगा। बगुले द्वारा

वैसा करने पर सर्प ने नेवले को मार भी दिया। तत्पश्चात् उस वृक्ष का भी रास्ता देख लिया और अगली बार सभी बगुलों का भक्षण कर लिया।

कथा सुनाकर राजपुरुष बोला—इसीलिए मैं उपाय के साथ अपाय की चिन्ता की बात कहता था। पापबुद्धि ने उपाय तो सोचा परन्तु उसके साथ अपाय अर्थात् उपाय के परिणामों की चिन्ता के विषय में कोई विचार

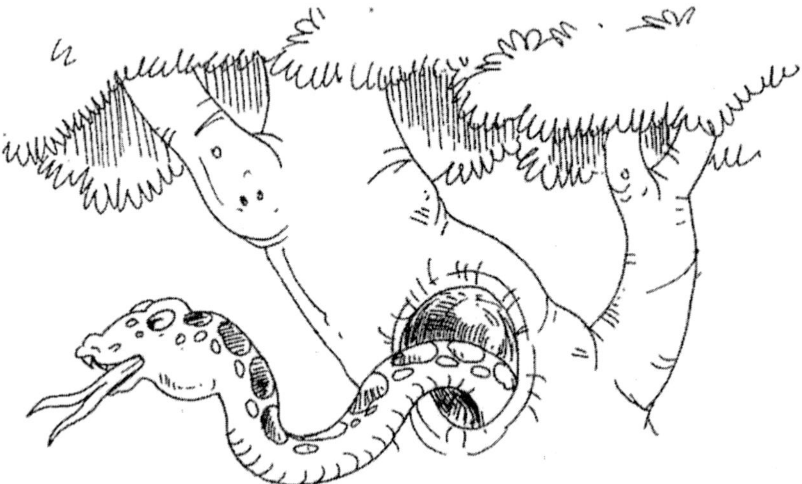

नहीं किया। इसी का फल इसे प्राप्त हुआ है। धर्मबुद्धि और पापबुद्धि दोनों को मैंने जान लिया। व्यर्थ पाण्डित्य के कारण एक मूर्ख पुत्र ने अपने पिता की हत्या कर दी।

कथा सुनाकर दमनक बोला—हे मूढ़! तूने भी उपाय तो सोचा, किन्तु, उपाय का चिन्तन नहीं किया। तू सज्जन नहीं है पापबुद्धि मात्र है। मैं जानता हूं कि स्वामी के प्राणों को संशयग्रस्त करने पर तूने अपनी दुष्टता और कुटिलता का ही परिचय दिया है। जब तू स्वामी के लिए ही ऐसी दशा पैदा कर सकता है तो हम जैसों की तो गणना ही क्या? इसलिए मैं तेरा अपने पास रहना ठीक नहीं समझता। कथन भी है कि जहां चूहे सहस्त्र भार लौह तुला का भक्षण कर लेते हैं, वहां बालकों को बाज भी उड़ा ले जाये तो संशय नहीं। करटक ने कहा—सो कैसे? दमनक ने कहना आरम्भ किया—

OOO

चालाकी का फल

किसी नगर में जीर्णधन नामक एक बनिया रहता था। धन की इच्छा करता हुआ विचारने लगा, जिस देश या जिस स्थान में अपने पराक्रम से अनेक भोगों को भोगते हैं वहां वैभवहीन दशा में रहने वाला पुरुष केवल अपमानित ही हो सकता है। उसके पास पूर्वजों की धरोहर एक लोहे की तराजू थी, जिसे उसने अपने बुरे दिनों के लिए संभाल कर रखा था। उसने अपने उस तराजू को अपने विश्वस्त मित्र के पास न्यास के रूप में रख दिया और दूसरे देश की ओर चल दिया। संयोगवश वहां उसका भाग्य चमक उठा और उसने पर्याप्त धन अर्जित कर लिया। इससे उसका नाम वहां के श्रेष्ठ लोगों में गिना जाने लगा। बहुत समय के बाद वह स्वदेश लौटा और अपने मित्र के पास जाकर उसने धरोहर के रूप में रखी अपनी तराजू मांगी।

मित्र ने उत्तर दिया–अरे! वह तराजू तो अब यहां नहीं रही। उसे तो चूहे खा गये। जीर्णधन ने उत्तर दिया–हे मित्र! यदि उसे चूहे खा गये तो इसमें दोष किसका है? निःसन्देह इसमें आपका कोई दोष नहीं है। यह संसार ही ऐसा है जिसमें कुछ भी स्थायी नहीं रहता है। अच्छा, मैं नदी में स्नान करने जा रहा हूं इसलिए आप स्नान करने के सामान के साथ अपने शिशु धनदेव को मेरे साथ कर दीजिये। मित्र ने चोरी प्रकट होने की

शंका से अपने पुत्र से कहा—वत्स! तुम्हारे यह चाचाजी स्नान करने के लिए नदी पर जा रहे हैं। तुम स्नान योग्य वस्तुओं को लेकर इनके साथ जाओ। जहां बिना किसी कार्य और बिना किसी कारण के आदर होता है, वहां शंका करना व्यर्थ है। क्योंकि उसका परिणाम सुखद नहीं होता।

वह सेठ मित्र-पुत्र व स्नान का सामान लेकर हर्षित मन से उस

अतिथि के साथ गया। जीर्णधन ने अवसर देखकर उस बालक को नदी की एक गुफा में बैठाकर उसका द्वार एक बड़े पाषाण से बन्द कर दिया।

मित्र ने लौटकर देखा तो अपने पुत्र को लापता पाया—वह विक्षिप्त होता हुआ जीर्णधन से अपने पुत्र के विषय में पूछने लगा। जीर्णधन ने उत्तर दिया—उसे नदी के तट पर बाज उड़ाकर ले गया। सेठ ने कहा—अरे झूठे!

कहीं बाज भी बालक को उड़ाकर ले जा सकता है? जीर्णधन ने कहा–जब बालक को बाज नहीं उड़ा कर ले जा सकते तो सहस्त्रभार लौह-तुला को चूहे भी नहीं खा सकते। अब तुम अपना बालक लेना चाहते हो तो मेरी तुला मुझे लौटा दो।

इस प्रकार का विवाद करते वे दोनों राजा की सभा में पहुंचे तो सेठ उच्च स्वर में पुकारने लगा–अहो! इस दुष्ट ने मेरे पुत्र का हरण कर लिया है। यह सुनकर न्यायपालकों ने अभ्यागत वैश्य से कहा कि जीर्णधन, तुम इसका पुत्र इसे दे दो। वह बोला–मैं क्या कर सकता हूं? नदी-तट से मेरे देखते-देखते बाज उसे उठाकर ले गया। न्यायाधिकारी बोले–तुम झूठ बोलते हो। क्या कभी बाज भी बालक को उठाकर ले जा सकता है? उसने कहा–आप मेरे वचनों को सुनें। जहां सहस्त्रभार लौह तुला का चूहे भक्षण कर सकते हैं, वहां बालक को बाज भी उठाकर ले जा सकता है। वे बोले वह कैसे? तब जीर्णधन ने सारा वृत्तांत कह सुनाया। इस पर न्यायाधिकारियों को सारी बातें समझ में आ गईं और उन्होंने परस्पर बालक और लौह-तुला को वापस करवाया।

कथा सुनाकर दमनक बोला–हे मूर्ख! तू हित में अहित कर बैठा है। उक्ति है कि पंडित शत्रु भी श्रेष्ठ है किन्तु हितैषी मूर्ख अच्छा नहीं होता। इस कारण तो एक वानर ने राजा का हनन किया और चोर से विप्रों की रक्षा की। उसने कथा आरम्भ की–

एक वानर किसी राजा का परम भक्त एवं अत्यंत विश्वासपात्र था। इसलिए राजा के अन्त:पुर में उसके प्रवेश पर कोई रोक-टोक नहीं थी। एक दिन राजा सो रहा था और वानर पंखे से हवा कर रहा था। तभी राजा के वक्षस्थल पर एक मक्खी बैठ गई। पंखे से बार-बार हटाने पर भी वह वहीं बैठ जाती थी। तब उस चंचल स्वभाव वाले मूर्ख वानर ने क्रोधित होकर एक तीक्ष्ण धार वाला खड्ग लेकर उस पर प्रहार किया। मक्खी उड़ गई परन्तु राजा के वक्षस्थल के दो खण्ड हो गये, जिससे उसकी मृत्यु हो गई। इस प्रकार चिर जीवन की इच्छा रखने वाले राजा को मूर्ख सेवक कदापि नहीं रखना चाहिए।

OOO

चोर का धर्म

दूसरी घटना यह है कि एक नगर में कोई अत्यन्त विज्ञ विप्र था। किन्तु वह संयोगवश चोरी करने लगा। उस नगर में किसी अन्य देश से चार ब्राह्मण समागम हुए। उन्हें उसने अनेक वस्तुओं का विक्रय करते देखा तो सोचने लगा, मैं इनके धन को किस प्रकार प्राप्त करूं? ऐसा विचार करते हुए उन चारों ब्राह्मणों को विश्वास में लेने की दृष्टि से उसने उनके सामने शास्त्रोक्त तथा प्रिय मधुर वचनों को कहा और उनके मन में विश्वास उत्पन्न करते हुए उनकी सेवा का कार्य प्रारम्भ किया।

वह उनकी सेवा-कार्य में लगा था, तभी उन ब्राह्मणों ने बहुमूल्य रत्न क्रय किये और उन रत्नों को उसके सामने ही अपनी जंघाओं में छिपा कर वे स्वदेश भ्रमण के लिए तत्पर हुए। उन्हें इस प्रकार जाता देख कर चिन्ताकुल मन से सोचने लगा-ओह! इन लोगों का कोई भी धन मैं हरण नहीं कर पाया। इसलिए इनके साथ ही चला जाऊं तो मार्ग में इन्हें विष देकर मारने का अवसर मिल सकता है। और तब मैं इनके सब रत्न प्राप्त करने में सफल हो सकता हूं।

ऐसा सोचते हुए उस धूर्त ने उन ब्राह्मणों के समक्ष विलाप करते हुए कहना आरम्भ किया-मित्रगण! आप मुझे एकाकी छोड़कर जाने के लिए उद्यत हैं परन्तु मेरा मन आपके स्नेहपाश में ऐसा बंध गया है कि मैं बहुत

व्याकुल हो उठा हूं। और मेरी मति धैर्य नहीं रखती। इसलिए आप मुझ पर अनुग्रह करके मुझे अपना सहायक बना लें। उसकी वाणी को सुनकर ब्राह्मणों का मन करुणा से भर उठा और वे उसे अपने साथ लेकर यात्रा पर चल पड़े।

जब वे पांचों मिलकर पल्लीपुर जा रहे थे, तब मार्ग में कौवे बोलने

लगे। अरे किरातगण! दौड़ो-दौड़ो, लखपति धनिक पैदल जा रहे हैं। इन्हें मारकर सब धन का हरण कर लो। कौवों के वचन सुनकर किरातगण दौड़ पड़े और उन सारे ब्राह्मणों को लाठियों से मार-मार कर जर्जर कर दिया। किन्तु किंचित धन भी उनके पास न निकला। इस पर किरातगण बोले, हे पथिकों! इन काकों के वचन कभी मिथ्या नहीं हुए, अतएव तुम्हारे पास जो धन है वह स्वयं हमें दे दो। अन्यथा हम तुम्हारा वध कर देंगे। किरातों के यह वचन सुनकर चोर व्यक्ति ने विचार किया, यदि यह इन ब्राह्मणों का वध करेंगे तो सब अंगों का निरीक्षण कर रत्नों को निकाल लेंगे। फिर मुझे भी मार देंगे। इसलिए मैं रत्नहीन होने के कारण पहले स्वयं को ही इनके सुपुर्द करके इन ब्राह्मणों के प्राण बचा लूंगा। कहा भी है कि अरे मृत्यु से क्यों भयभीत है? भयभीतों को भी मृत्यु छोड़ नहीं देती। अभी अथवा सौ वर्ष के पश्चात् प्राणियों का मरण अवश्य होना है। जो

गौ और ब्राह्मणों के लिए अपने प्राण देता है—वह श्रेष्ठ गति को प्राप्त हो जाता है।

इस प्रकार का निश्चय कर उस चोर व्यक्ति ने कहा—हे किरातगण! यदि ऐसा है तो पहले मेरा ही वध करके देख लो। तब उन्होंने यही किया और उसके पास धन न निकलने पर उन्होंने शेष चारों को छोड़ दिया। इसी से तो मैं पाण्डित्यपूर्ण शत्रु को भी श्रेष्ठ कहता हूं।

इस प्रकार करटक और दमनक वार्तालाप कर ही रहे थे कि पिंगलक और संजीवक में युद्ध छिड़ गया। कुछ देर के बाद पिंगलक से उलझने के उपरान्त संजीवक घायल होकर पृथ्वी पर गिर पड़ा और कुछ देर तक छटपटाने के बाद निर्जीव हो गया।

संजीवक के मर जाने पर पिंगलक का क्रोध शान्त हुआ। तब उसके गुणों और आपसी मैत्री का स्मरण करके वह व्यथित हो गया। दमनक ने आकर पिंगलक को समझाया—महाराज! आपका शोक आपकी कायरता का सूचक है। शाकाहारी संजीवक तो आपका भोजन था। फिर वह आपके प्राणों के लिए खतरा बन गया था। उसे मारने में किसी दोष की संभावना का तो प्रश्न ही उत्पन्न नहीं होता। नीतिकारों के अनुसार तो—पिता, भाई, पुत्र, भार्या या सुहृद में जो कोई भी प्राणद्रोह करे तो उसके वध में पाप नहीं होता। दयालु राजा, सर्वभक्षी ब्राह्मण, निर्लज्जा स्त्री, दुष्टमति सहायक, प्रतिकूल भृत्य, प्रमादी अधिकारी और जो कृत-उपकार को न माने—वे सभी त्याग देने के योग्य हैं।

सत्य-असत्य, कठोर प्रियवादिनी, दयालु, स्वार्थमयी, पुरस्कारमयी, अधिक व्यय और धन लाभ कमाने वाली राजनीति वेश्या के समान अनेक रूप वाली होती है। उपद्रव किये बिना कोई महान् भी पूजित नहीं होता। जैसे कि मनुष्य सर्पों को पूजते हैं किन्तु सर्प के मारने वाले गरुड़ को नहीं पूजते—वैसे ही आप न सोचने योग्य का स्मरण करके अनुचित कर रहे हैं। पण्डितजन तो मरे हुए या जीवितों को किसी भी प्रकार सोचा नहीं करते।

इस प्रकार दमनक के समझाने पर पिंगलक ने संजीवक की मृत्यु का शोक छोड़कर दमनक को मंत्री बनाया और राज्य-शासन करने लगा।

OOO

दान का फल

एक बार मैंने अपना वर्षाकालीन चतुर्मास बिताने के लिए एक ब्राह्मण के यहां पड़ाव डाला। ब्राह्मण ने अभावग्रस्त होते हुए भी सारी बढ़िया सामग्री एकत्रित की। इससे मैं संतुष्ट होकर अपना यज्ञादि पूर्ण विधि-विधान से करने लगा।

एक दिन मैंने पड़ोस में एक दूसरे ब्राह्मण पति-पत्नी को आपस में विवाद करते सुना। मैं अपनी उत्सुकता पर संयम न कर सका और कान लगाकर उनकी बात सुनने लगा। ब्राह्मण अपनी स्त्री से कह रहा था--आज सूर्योदय के समय कर्क की संक्रान्ति होने वाली है, जो अत्यन्त पुण्य फल देती है। मैं तो दान के लिए किसी सम्पन्न नगरी में जा रहा हूं। तुम सूर्यनारायण को दान देने के उद्देश्य से किसी ब्राह्मण को घर पर बुलाकर भोजन करा देना।

अपने पति के वचनों को सुनकर उसे धिक्कारती हुई ब्राह्मणी बोली–तुम्हें यह सब कहते लज्जा नहीं आती? घर में चुटकी-भर आटा नहीं है और बात करते हो ब्राह्मण को भोजन कराने की! जब से मैं तुम्हें ब्याह करके इस घर में आई हूँ, मुझे कभी भर पेट खाने को नहीं मिला। तुमको तो निर्लज्ज कहते भी मुझे लज्जा आती है।

अपनी पत्नी की जली-कटी सुनकर ब्राह्मण बोला--देवी! तुम्हें इस

प्रकार का व्यवहार शोभा नहीं देता। शास्त्रों में स्पष्ट कहा गया है कि धनिकों को बहुत अधिक धन दान करने पर जिस पुण्य का लाभ होता

है, श्रद्धापूर्वक एक कौड़ी दान करने पर वही फल प्राप्त होता है। अत: देवी! धन के अभाव में भी तुम जो कुछ दान करोगी, उसका वही फल मिलेगा। शास्त्रकारों ने धन के बहुत अधिक लोभ को भी अवांछनीय बताया है। उन्होंने स्पष्ट कहा है कि तृष्णा का सर्वथा त्याग तो नहीं किया जा सकता परन्तु जो व्यक्ति अत्यधिक तृष्णा करता है या तृष्णा का दास बना रहता है, उसके मस्तक में शिखा निकल आती है। ब्राह्मणी की उत्सुकता पर उसे अधिक लोभ के दुष्परिणाम की कथा सुनाता हुआ ब्राह्मण बोला—

OOO

लोभ का परिणाम

वन के एक भाग में रहते उस शिकारी ने एक दिन शिकार करते समय एक सुअर को देखा। उसने उस पर अपने बाणों की वर्षा कर दी। शिकारी के बाणों से हत सुअर ने पलट कर अपने तीखे नुकीले दाँतों से शिकारी पर झपट्टा मारा। शिकारी का पेट फट गया और वह पृथ्वी पर गिर पड़ा। इधर उस शिकारी के विषैले बाण के प्रभाव से सुअर भी पृथ्वी पर गिरकर निष्प्राण हो गया।

उसी बीच एक भूखा-प्यासा गीदड़ वहाँ भटकता हुआ आ पहुँचा। उसने मरे हुए सुअर व शिकारी को देखा। उसको लगा कि उसका भाग्य खुल गया। मैं अनायास ही इस भोजन का भोग करूंगा जिससे मुझे काफी दिन तक भोजन के लिए भटकना न पड़े। शास्त्रकारों ने स्पष्ट निर्देश दिया है–

अपने द्वारा उपार्जित धन का उपयोग भी औषधि की भाँति करना चाहिए। अन्धाधुन्ध खर्च करने से अक्षय कोश भी समाप्त हो जाता है।

इस प्रकार सोचते हुए गीदड़ ने शिकारी के धनुष की डोर से भूख मिटाने का निश्चय किया। उसने ज्योंही धनुष की डोरी खाने के लिए उसे दाँतों से पकड़ कर जोर से खींचा, त्योंही वह डोरी टूट कर गीदड़ की छाती में इस प्रकार जोर से लगी कि वह वहीं गिर पड़ा और तत्काल

मर गया।

इस कहानी को सुनाकर ब्राह्मण बोला—प्रिये! यदि वह गीदड़ अत्यधिक लोभ न करता, शबर अथवा शूकर को खाने की सोचता तब वह अपने जीवन से हाथ न धो बैठता। शास्त्रकारों ने भी कहा है कि मनुष्य अभी माँ के गर्भ में पल ही रहा होता है कि विधाता उसकी आयु, स्वास्थ्य, धन, विद्या, आयु निर्धारित कर देता है। इन पाँचों पर पुरुष का कोई वश नहीं चलता।

देवी! हमारे भाग्य में जितना धन है उससे अधिक हमें कहाँ मिल सकता है? क्या मैं नहीं चाहता कि आवश्यकता से अधिक धन भोग करके

स्वयं भी सुख भोग करूँ और तुम्हें भी सुखी बनाऊँ। परन्तु सोचने से क्या होता है? कोई कितना भी उद्यम करे—भाग्य से अधिक मिल ही नहीं सकता।

ब्राह्मण द्वारा इस प्रकार समझाने-बुझाने पर ब्राह्मणी ने कहा—चलो ठीक है, घर में थोड़ा-सा तिल पड़ा है, उसे कूटकर ब्राह्मण को भोजन करा दूँगी। आप निश्चिन्त होकर जा सकते हैं।

ब्राह्मणी के व्यवहार से प्रसन्न होकर ब्राह्मण सम्पन्न यजमानों के घर की ओर चल पड़ा। इधर ब्राह्मणी ने तिलों को खूब अच्छी तरह धोकर, सुखा कर स्वयं को घर के दूसरे कार्यों में लगा दिया। इसी बीच एक कुत्ते ने आकर उन तिलों पर मूत्र त्याग दिया, जिसे देखकर ब्राह्मणी चिन्तित और दुःखी होकर अपने भाग्य को कोसने लगी। आखिर उसे एक युक्ति

सूझी। वह अपने साफ किये तिल को, पड़ोस के बिना साफ किये तिल के बदले लेने की सोचने लगी। जब वह वहां पहुँची तो दूसरी ब्राह्मणी, जिससे उसे बिना साफ तिल को बदलना था, का पुत्र शंकित हो गया और उसने अपनी माता से ऐसा करने को मना कर दिया।

इस कथा को सुनाकर वृहतस्फिक बोला—मित्र! क्या आप इस चूहे के बिल को जानते हैं? ताम्रचूर्ण बोला—मित्र! मैं निश्चित रूप से कुछ नहीं कह सकता। परन्तु इतना अवश्य है कि जब वह आता है तब अपने दल के साथ आता है। वृहतस्फिक बोला—तो फिर चिन्ता की कोई बात नहीं, उसके बिल तक पहुंचना कठिन नहीं है। हां, एक कुदाल ढूँढ़कर रख दो ताकि उसके बिल को खोदने में सुविधा हो। ताम्रचूर्ण अपने मन्दिर के भीतर से एक बढ़िया कुदाल ले आया। इस पर वृहतस्फिक रात्रि रुकने और सुबह अपना चमत्कार दिखाने का आश्वासन देकर विश्राम को लेट गया।

हिरण्यक बोला—प्रात:काल वे संन्यासी और किसी मनुष्य का पैर पड़ने से पूर्व ही मेरे परिवार के पदचिह्नों का पीछा करते हुए मेरे बिल तक आ पहुँचे। मैं तो अवसर पाते ही निकल भागा परन्तु उन दुष्टों ने मेरा बिल खोदकर उसके भीतर छिपे कोश को निकाल लिया। इसके उपरान्त वृहतस्फिक ने ताम्रचूर्ण से कहा—मित्र! आप निश्चिंत होकर सोना, यह चूहा अब आपका कुछ नहीं बिगाड़ सकेगा।

वृहतस्फिक संन्यासी का चिन्तन सही था। अपने कोश को लुटा देखकर मैं टूट गया। मेरा सारा उत्साह जाता रहा। फिर भी मैं अपने परिजनों के साथ यथापूर्वक उस मन्दिर में गया तो मैंने ताम्रचूर्ण को पुनः बांस फटकते हुए देखा और वृहतस्फिक को यह कहते सुना कि अब चूहा आपका कुछ नहीं बिगाड़ सकता। आपको कुछ भी करने की आवश्यकता नहीं है। यह बात सुनी तो मुझे क्रोध आ गया और मैं पूरी शक्ति के साथ खूंटे पर कूदा परन्तु उस तक न पहुंच सका। मैंने बार-बार प्रयास किया फिर भी असफल रहा। इस असफल प्रयास को देखकर वृहतस्फिक ने ताम्रचूर्ण से कहा—देखो-देखो मित्र! इस चूहे की उछल-कूद तो देखो। अब यह कितना भी बल लगा ले, खूँटी तक नहीं पहुँच सकता। शास्त्रकारों ने स्पष्ट कहा है—

जिस प्रकार दाँतों के बिना सर्प और मद के बिना हाथी नाममात्र के रह जाते हैं, उसी प्रकार धनाभाव में पुरुष नाममात्र का रह जाता है।

वास्तविकता तो यह है कि धनहीन पुरुष चाहे कितना भी गुणी और विद्वान क्यों न हो, उसके गुणों की ओर किसी का ध्यान जाता ही नहीं। जिस प्रकार सूर्य विश्व का प्रकाशक है, उसी प्रकार धन गुणों का प्रकाशक है। दरिद्र बने व्यक्ति का तो जीवन ही अभिशाप होता है। जो लोग कुछ समय पहले उसके आगे-पीछे घूमते थे, वही अब पहचानने से भी इन्कार कर देते हैं और अपने सामने देखकर आँखें फेर लेते हैं।

मैंने एक बार संन्यासी द्वारा अपने धन को पुनः प्राप्त करने का प्रयास किया, परन्तु यह देखा कि वह पोटली अपने तकिये के नीचे रखता है और जागते समय भी उस पर निगरानी रखता है। अतः मेरे लिए उस धन को पुनः प्राप्त करना किसी प्रकार सम्भव नहीं है।

असफलता और निराशा के साथ, जब मैं अपने परिवारीजनों के पास पहुँचा तो उन्होंने भी मेरा साथ मेरी व्यथा को समझकर छोड़ दिया और अब मैं अपना धन प्राप्त करने के लिए पुनः संकल्पशील हूँ। यह स्पष्ट है कि इसमें प्राणी की हानि की सम्भावना है। परन्तु फिर भी मैंने दरिद्रता और अपमान का जीवन जीने से मरना अच्छा समझा।

अपने निश्चय के अनुसार मैं संन्यासी की पोटली को हथियाने को चल पड़ा। मैं संन्यासी की पोटली को काट कर अपने धन को उठाकर ला ही रहा था कि वह दुष्ट संन्यासी जाग उठा और अपने जर्जर बाँस से मेरे सिर पर ऐसा प्रहार किया जिसकी पीड़ा मैं ही समझ सकता हूँ। वस्तुतः मेरी आयु शेष थी कि मैं बच गया। शास्त्रकारों ने ठीक ही कहा है कि व्यक्ति भाग्य में लिखे को तो अनायास पा लेता है।

अतः अब मैं अपने धन के चले जाने पर दुःखी नहीं होता और यदि कुछ मिल जाता है तो उस पर आश्चर्य नहीं करता। क्योंकि जो कुछ हमारा है वह दूसरे का नहीं हो सकता। और जिसे दूसरों के भाग्य में लिख दिया गया है, वह हमारा नहीं हो सकता। विधाता भी इस विधान को बदल नहीं सकता। इस विषय में एक कथा प्रस्तुत है–

OOO

बनिये का बेटा

किसी नगर में सागरदत्त बनिये का पुत्र एक मूल्यवान पुस्तक खरीद कर ले आया। उस पुस्तक में लिखा था–अपने भाग्य का लिखा तो मनुष्य अनायास ही पा लेता है और न लिखे के लिए जी तोड़ प्रयास करने पर भी उसे नहीं पा पाता। यह एक अटल सिद्धान्त है और इसमें किसी प्रकार के परिवर्तन का कोई विधान नहीं है।

सागरदत्त ने इस पुस्तक को खरीदने में लगाई धनराशि के लिए अपने पुत्र की भर्त्सना की। पुत्र द्वारा अपने निर्णय को उपयुक्त बताने पर सागरदत्त ने उसे निखट्टू और विवेकहीन मानकर घर से निकाल दिया।

बनिये का बेटा अपने पिता के व्यवहार से दुःखी होकर एक दूसरे नगर में चला गया। वहाँ उसकी एक अपरिचित व्यक्ति से भेंट हुई। बनिये के बेटे ने उसके सामने उसी पाठ को दोहराया। उस बनिये के बेटे के सम्पर्क में जो भी आता, वह उसी वाक्य को दोहराता। इससे नगर-निवासी उस बनिये-पुत्र को प्राप्तव्यअर्थ नाम से जानने-पुकारने लगे।

एक दिन राजा की लड़की चन्द्रवती किसी उत्सव को देखने उस नगर में आई तो उसकी दृष्टि एक सुन्दर राजकुमार पर पड़ी। वह उसे पाने के लिए व्याकुल हो उठी। राजकुमारी ने अपनी सखी से उस राजकुमार से मिलने का निवेदन करवाया। सखी ने राजकुमार के पास जाकर अपनी

सखी की कामपीड़ा का वर्णन करके उससे अपने साथ राजकुमारी के पास चलने की प्रार्थना की।

राजकुमार ने दासी से महल के अन्दर जाने का उपाय पूछा तो सखी बोली–मैं रात्रि में महल के ऊपर से चमड़े की एक मजबूत रस्सी लटका दूँगी, उसे पकड़कर आप निश्चिंतता से ऊपर आ जाइयेगा। मेरी स्वामिनी आपका स्वागत करेगी।

राजकुमार की स्वीकृति पाकर दासी ने अपनी स्वामिनी को आश्वस्त किया और रात्रि के समय प्रतीक्षा करने को कहा।

रात्रि होने पर राजकुमार ने मन में विचार किया कि इस प्रकार छिपकर राजकुमारी से सम्भोग करना सर्वथा अनुचित है और उधर न जाने का निश्चय किया। प्राप्तव्यअर्थ नामक बनिया संयोगवश उस समय राजमहल के निकट पहुँचा तो नीचे लटकती रस्सी देखकर कौतूहलवश ऊपर चढ़ गया। राजकुमारी अंधेरा होने के कारण उसे पहचान न सकी और उसे ही राजकुमार समझ कर उसका आलिंगन कर लिया। राजकुमारी के स्पर्श से बनिया-पुत्र भी रोमांचित हो गया और दोनों भोग-विलास में प्रवृत्त हो गये। राजकुमारी ने तृप्ति के उपरान्त बनिये को छाती से लगा लिया और बड़े प्यार से बोली–आप कुछ बोलते क्यों नहीं? यह सुनकर प्राप्तव्यअर्थ ने अपने प्रिय वाक्य को दोहराया–मनुष्य प्राप्तव्य को अनायास प्राप्त कर लेता है। यह सुनकर राजकुमारी शंकित हुई और उसने तुरन्त उसे महल से बाहर निकाल दिया। रात में महल से बाहर निकाला गया बनिया एक टूटे, खण्डहर पड़े मन्दिर में जाकर सो गया। संयोगवश उस नगर का रक्षक किसी व्यभिचारिणी के साथ वहाँ आ पहुँचा। बनिये को वहाँ सोया देख उसने उससे परिचय माँगा। उसने फिर वही वाक्य दोहरा दिया।

नगर-रक्षक ने बनिये को समझाया–यह स्थान निर्जन है। यहाँ सोना उचित नहीं है। तुम मेरे स्थान पर जाकर सो जाओ। आदेश पाकर बनिया उठ गया परन्तु आधी नींद होने के कारण किसी और स्थान पर ही सो गया।

संयोगवश नगर-रक्षक की युवा पुत्री विनयवती अपने प्रेमी से मिलने की प्रतीक्षा में निश्चित स्थान पर सोई थी। उसने बनिये को अपना प्रेमी

समझकर उसका आलिंगन किया और संभोग में लीन हो गई। विषय-भोग से निवृत्त होकर विनयवती ने पूछा--क्या अभी तक आप मुझसे रुष्ट हैं? बनिये ने अपना वही वाक्य दोहरा दिया। बनिये का मुख खुलते ही विनयवती अपनी अधीरता पर पश्चाताप करने लगी और उसे उसी समय वहाँ से भगा दिया।

वहाँ से भगाया बनिया नगर की गलियों से गुजर ही रहा था कि उसे गाजे-बाजे के साथ जाती एक बारात मिली। तो वह भी उसमें सम्मिलित हो गया। बारात लड़की वालों के घर पहुँची तो जयमाला के समय ही मदमस्त हाथी कहीं से ऊपर की ओर आ पहुँचा। उसे देखते ही सारे बाराती लड़की को छोड़कर इधर-उधर छिप गये। वर बना लड़का भी भाग खड़ा हुआ। लड़की हाथी के सामने थर-थर कांप रही थी। बनिये ने आगे बढ़कर लड़की का हाथ थाम लिया और उसे सुरक्षित स्थान पर ले जाकर छिपा दिया। हाथी के चले जाने पर सब लोग इकट्ठे हुए तो लड़के वालों ने लड़की के व्यवहार पर आपत्ति की। यह सब देखकर लड़की साहस करके आगे बढ़ी और बोली--मुझे मौत के मुंह में ढकेल कर अपनी चिन्ता करने वाला पुरुष मेरा पति होने के योग्य ही नहीं। मैं तो संकट में साथ निभाने वाले इसी बनिये युवक से विवाह करूंगी।

इस वाद-विवाद में प्रातःकाल हो गई। भीड़ इकट्ठा होने लगी। संयोगवश राजकुमारी की सवारी भी उधर से जा रही थी। उसकी दृष्टि भी इस दृश्य पर पड़ी और वह वहीं रुक गई। विनयवती भी तमाशा देखने उस भीड़ में सम्मिलित हो गई। राजप्रमुख भी वहीं आ गया। राजप्रमुख द्वारा बनिये से उसका परिचय पूछने पर बनिये ने वही वाक्य दोहराया--मनुष्य प्राप्तव्य को अनायास प्राप्त कर लेता है।

इस वाक्य को सुनते ही अनायास राजकुमारी के मुख से निकला--विधाता भी उसे रोक नहीं सकता। इधर विनयवती भी अपने को रोक न सकी और कहने लगी--मुझे न अपने किये पर दुःख है न आश्चर्य। राजा को अपनी पुत्री और नगर-रक्षक की पुत्री के मुख खोलने का आश्चर्य हुआ और उसने गुप्त रूप से सारे काण्ड की जाँच कराई। और दोनों कन्याओं के बनिये द्वारा भुक्ता होने के कारण उनका विवाह भी

बनिये के साथ ही कर दिया। इधर सेठ ने भी अपनी इच्छानुसार उसका विवाह उस बनिये से कर दिया। तीनों ने अपनी सामर्थ्यनुसार अपने दामाद को खूब धन-सम्पत्ति व उपहार दिये। इस प्रकार उस बनिये ने अपने प्राप्तव्य को अनायास प्राप्त कर लिया।

इस कथा को सुनाने के उपरान्त हिरण्यक बोला—वस्तुतः वह धन मुझे प्राप्त नहीं होना था अतः यत्न करने पर भी मैं उसे प्राप्त नहीं कर सका। और धनहीन होकर परिवार के लोगों के साथ रहना मुझे सम्मानजनक नहीं लगा। इससे मैं अपने मित्र लघुपतनक के साथ इधर चला आया।

मन्थरक ने कहा—मित्र! लघुपतनक वास्तव में ही आपका सच्चा मित्र है। तभी तो भूखे होने पर और भोजन (चूहा) समीप होने पर भी उसने आप की ओर आँख उठाकर भी नहीं देखा।

हिरण्यक को विशेष रूप से सम्बोधित करता हुआ मन्थरक (कछुआ) बोला—मित्र! आपको धनहानि का शोक निस्संदेह छोड़ देना चाहिए। नीतिकारों ने जिन पदार्थों को कुछ समय के लिए योग्य माना है, उसमें धन भी एक है। निम्न पदार्थों का शाश्वत प्रयोग होता ही नहीं है—

बादलों की छाया, दुष्टों का प्रेम, पका हुआ भोजन, सुन्दर स्त्रियां, यौवन और धन कुछ समय तक ही भोगे जा सकते हैं। अनन्त काल तक इसका भोग कदापि सम्भव नहीं है। अतः आपको घर छोड़ने की भी चिन्ता नहीं करनी चाहिए। क्योंकि विद्वानों के लिए कोई भी स्थान परदेश नहीं है। वे जहाँ भी जाते हैं अपनी विद्वता की शक्ति से लोगों को अपना मित्र बना ही लेते हैं। आप बुद्धिमान और उत्साही हैं। आप जहाँ भी रहेंगे वहाँ लक्ष्मी आपको ढूँढ़ती हुई आपके पास आ जायेगी।

विचारणीय है कि मनुष्य भाग्य के अनुकूल न होने पर उपार्जित धन का उपयोग भी नहीं कर पाता।

हिरण्यक द्वारा उत्सुकतापूर्वक पूछे जाने पर मन्थरक उसे सोमिलक का वृत्तांत सुनाते हुए बोला—

OOO

सोमिलक की कथा

किसी नगर में सोमिलक नामक बुनकर निवास करता था। वह राजाओं के लिए विविध प्रकार के कलात्मक वस्त्र बुना करता था। किन्तु विभिन्न प्रकार के वस्त्र बनाने की श्रेष्ठ कला में चतुर होने पर भी वह भोजन जुटाने के अतिरिक्त कुछ न कर पाता। उससे अधिक सम्पन्न वे बुनकर थे जो मोटे और घटिया वस्त्र तैयार करते थे।

एक दिन सोमिलक अपनी पत्नी से बोला–प्रिये! मोटे वस्त्र बुन कर धन से सम्पन्न बुनकरों को देखकर यह स्थान मुझे बहुत दुःख पहुँचा रहा है। इसलिए धनोपार्जन के लिए हमें कहीं और जाना होगा। पत्नी ने उत्तर दिया–यह कल्पना व्यर्थ है कि अन्यत्र स्थान पर धन मिलेगा और इस स्थान पर नहीं मिल पा रहा है। कथन भी है कि आकाश में उड़ने और पृथ्वी पर गिरने वाले पक्षियों को भी अन्न की प्राप्ति बिना दिये नहीं हो पाती। जो भवितव्य नहीं वह नहीं होता, जो भवितव्य है वह प्रयत्न के बिना भी हो जाता है। जिसकी प्राप्ति नहीं होती वह वस्तु हथेली में आकर भी नष्ट हो जाती है। जैसे बछड़ा गायों में भी अपनी माता को ढूँढ़ लेता है, वैसे ही पूर्व जन्म में कृतकर्म स्वयं राह दिखाता है।

सोमिलक ने कहा–प्रिये! तुम्हारा कहना ठीक है परन्तु जिस प्रकार एक हाथ से ताली नहीं बजती, उसी प्रकार उद्योग को त्याग देने से कर्म

का फल भी नहीं मिलता। सोते हुए सिंह के मुख में स्वयं मृग नहीं घुस जाते। इसलिए मैं देशान्तर गमन करूंगा। ऐसा निश्चय कर वह वर्द्धमानपुर में पहुंचा। वहां तीन वर्ष में तीन सौ स्वर्ण मुद्राएं उपार्जन कर वह घर को लौट चला। अभी आधा मार्ग ही तय कर पाया था कि सूर्यास्त हो गया तथा सिंह आदि के भय से एक अत्यन्त मोटे वटवृक्ष के स्कंध में जा सोया। तभी उसे स्वप्न में रौद्राकार पुरुष बातें करते हुए सुनाई दिये। उनमें से एक बोला–अहो कर्मन! क्या तुम्हें जानकारी नहीं है कि इस सोमिलक के भाग्य में भोजन आदि से अधिक समृद्धि किंचित नहीं है। तब तूने इसे तीन सौ स्वर्ण मुद्राएं किस प्रकार दे दीं? दूसरे ने कहा–हे कर्मन! उद्योगी पुरुषों को मैं देता तो अवश्य हूं किन्तु उसका परिणाम तुम्हारे हाथ है।

सोमिलक जागकर स्वर्ण मुद्राओं वाली अपनी पोटली को देखने लगा तो उसे खाली पाया। वह खेदपूर्वक चिन्तन करने लगा कि भारी परिश्रम से उपार्जित मेरा धन किधर गया। अब मैं निर्धन लौटकर अपनी पत्नी तथा मित्रों को क्या मुंह दिखाऊंगा?

तब उसने सोचा कि इसी वटवृक्ष में अपने को बांधकर प्राण त्याग दूं। ऐसा निश्चय करके उसने रस्सी बनाई और अपने कण्ठ में फंदा डालकर शाखा के साथ अपने को बांध दिया। उसका यह दुस्साहस देखकर किसी ने उससे कहा–सोमिलक! इस प्रकार का साहस न कर। तेरे भाग्य में इतना ही था। तू घर जा। मैं तेरे साहस से अत्यन्त संतुष्ट हूं और मेरा दर्शन भी व्यर्थ नहीं होता। सोमिलक! मांग ले मुझसे जो भी वरदान मांगना है। सोमिलक ने कहा–ऐसा है तो मुझे प्रभूत धन प्रदान करो। वह बोला–अहो! भोगरहित धन का क्या करोगे? तेरे भाग्य में तो अधिक प्राप्ति का वरदान नहीं है। कहा भी जाता है कि उस लक्ष्मी का क्या लाभ जो वधु के समान अभोग्य अथवा वेश्या के समान पथिकों द्वारा भोगी जाती है। सोमिलक बोला–यद्यपि भाग्य में भोग नहीं तथापि धन होना तो चाहिए। कथन भी है कि धनिक पुरुषों की सेवा-सम्मान सभी करते हैं। उसको तो आशा होती है कि उनके धन की पोटली से कुछ न कुछ तो मिल ही जायेगा। आकाशवाणी ने "तथास्तु" कहा और यह भी चेतावनी दी कि याद रखो, अपने धन का कभी उपयोग नहीं कर पाओगे।

कोई बात नहीं। सोमिलक बोला—एक गीदड़ पन्द्रह वर्षों तक सांड के पीछे इस आशा से लगा रहा कि उसके लटकते अण्डकोष को गिरते ही वह इसे अपना भोजन बना लेगा।

आकाशवाणी के अनुरोध पर उसे गीदड़ की कथा सुनाता हुआ सोमिलक बोला—किसी नगर में तीक्ष्ण विषाण नामक एक सांड रहता था। वह मंद के अतिरेक से सींगों से नदी के किनारे को ढकेलता स्वेच्छापूर्वक विचरण करता वन में जीवन बिता रहा था। उसी वन में प्रलोभन नाम का एक श्रृगाल भी रहता था। वह अपनी पत्नी के साथ नदी-तट पर बैठा हुआ था, तभी तीक्ष्ण विषाण जल पीने के लिए उसी नदी-तट पर आ गया। तब उसके लटकते अण्डकोषों को देखकर श्रृगाली ने अपने पति से कहा—स्वामीन! इस जीव के लटकते मांस पिण्ड को तो देखो जो किसी भी क्षण गिरने वाला है।

श्रृगाल ने कहा—प्रिये! यह मांस पिण्ड कब गिरेगा, यह तो नहीं मालूम, अतः मैं तुम्हारे साथ यहीं रहकर जल पीने के लिए आने वाले चूहों का भक्षण करूंगा। यदि मैं तुम्हें यहां छोड़कर तीक्ष्ण विषाण का पीछा करूं तो कोई अन्य यहां आकर उस स्थान पर अधिकार न कर ले। इसलिए ऐसा करना युक्त नहीं है। जो वर्तमान है उसे छोड़कर अनिश्चित का पीछा करना बुद्धिमानी नहीं।

श्रृगाली ने कहा—अहो! तू तो पुरुष है। तुझे जो प्राप्त हो जाता है उसी में संतुष्ट हो जाता है। कथन भी है कि छोटी नदी शीघ्र भर जाती है। चुहिया की अंजली परिपूर्ण होने में समय नहीं लगता। पुरुष को तो सदैव उत्साह युक्त रहना चाहिए। जो मन्दबुद्धि वाला मनुष्य अल्प प्राप्ति में ही संतोष कर लेता है उसके पास तो घर आयी लक्ष्मी भी लौट जाती है। मूषक-मांस का भक्षण करते-करते मेरा मन ऊब गया है। ये मांस पिण्ड तो गिरने ही वाला है, इसलिए इसे छोड़ना नहीं चाहिए।

इन वचनों को सुनकर चूहे मिलने वाले स्थान को छोड़कर वह श्रृगाल तीक्ष्ण विषाण के पीछे चल दिया। श्रेष्ठ कथन भी है—सब कार्यों में पुरुष तभी तक स्वयं स्वामी है जब तक उसे स्त्री का वचन रूपी अंकुश बलपूर्वक ताड़ित नहीं कर देता। स्त्री के वचनों से प्रेरित होता पुरुष अकर्मक को कर्म,

अगम्य को गम्य और अभक्षक को भक्षक मान लेता है।

इस प्रकार वह श्रृगाल अपनी स्त्री के साथ उस सांड के पीछे-पीछे बहुत समय तक घूमता रहा। किन्तु अण्डकोष न गिरे। अन्त में दुःखी होकर पन्द्रहवें वर्ष उस श्रृंगाल ने अपनी पत्नी से कहा-प्रिये! यह अण्डकोष शिथिल और दृढ़ता से बंधे हैं। इसलिए इनका गिरना सम्भव नहीं है। पन्द्रह वर्ष से मैं निरन्तर देखता आ रहा हूं। इसलिए आओ, हम अपने स्थान को लौट चलें।

यह कह कर सोमिलक ने कथा समाप्त की।

पुरुष बोला-यदि ऐसा है तो तू वर्द्धमानपुर को प्रस्थान कर। वहां दो वाणिज्य-पुत्र निवास करते हैं। उनके नाम गुप्तधन और उपभुक्तधन हैं। उनके स्वरूप को जानकर मुझसे वर की याचना करना। तत्पश्चात् यदि तुम गुप्तधन बनना चाहोगे तो वैसा बना दूंगा। यह कहकर वह पुरुष अदृश्य हो गया।

तब सोमिलक ने विस्मत मन से वर्द्धमानपुर की ओर प्रस्थान किया। संध्या के समय वह बहुत ही थका हुआ वर्द्धमानपुर पहुंचा। गुप्तधन का घर पूछता सूर्यास्त के समय उसमें प्रविष्ट हुआ। पत्नी एवं पुत्र सहित गुप्तधन के दुत्कारने पर भी वह उसके घर में हठपूर्वक बैठ गया। जब भोजन का समय हुआ तो गुप्तधन ने उपेक्षापूर्वक उसे भी कुछ भोजन दे दिया।

जब वह भोजन करके सोया तो रात्रि के समय उसने फिर उन्हीं पुरुषों को मन्त्रणा करते हुए सुना। उसमें से एक कह रहा था-कर्त्ता! तुमने गुप्तधन का इतना अधिक व्यय क्यों कर दिया? जोकि उसने इस सोमिलक को भोजन प्रदान किया। तुम्हारा यह कार्य ठीक नहीं।

इस पर दूसरा बोला-हे कर्मन! इसमें मेरा दोष नहीं है। मेरा कार्य तो पुरुष को उसके कर्म का लाभ देना है। किन्तु उसकी परिणति तुम्हारे हाथ में है।

तत्पश्चात् जब गुप्तधन शैया से उठा तब वह रोग से पीड़ित और ज्वर से तप रहा था। रोग से दुःखी होकर उसने दूसरे दिन से उपवास

प्रारम्भ कर दिया। प्रात:काल होने पर सोमिलक भी उसके घर चल दिया। वह उपभुक्तधन के घर पर गया। उसने अभ्युत्थान आदि के द्वारा सोमिलक का स्वागत किया, भोजन आदि प्रदान किया। फिर वह उसी घर की शैया पर सुखपूर्वक सो गया। रात्रि के समय उसे वही दो मंत्रणा करते हुए दिखाई दिये। उनमें से एक बोला—हे कर्त्ता! इस सोमिलक के उपकार में इसने तो इतना प्रभूत धन व्यय कर दिया है, अब कहो इसका उद्धार किस प्रकार होगा? इसने यह सब व्यवसायी के घर से ऋण दिया था। उसने कहा—हे कर्मन! कार्य मेरा है फल तुम्हारे अधीन है। प्रात:काल होने पर राजा की प्रसन्नता से प्राप्त हुआ प्रभूत धन राजपुरुषों ने जाकर उपभुक्तध न को प्रदान कर दिया। भेंट में आये इतने धन को देखकर सोमिलक सोचने लगा—संचयरहित यह उपभुक्तधन ही सही है, गुप्तधन नहीं। कथन भी है—अग्निहोत्र का फल वेद, शास्त्र का फल शील, रति का फल पुत्र, और धन का फल दान एवं भोग है। इसलिए विधाता मुझे दत्त भुक्तधन ही बना दे। गुप्तधन से मेरा कोई कार्य नहीं है। जैसे कि महान धन को प्राप्त होकर मूर्ख सोमिलक धन का उपभोग न कर सका। अतएव भद्र हिरण्यक! इस प्रकार जानकर तुम धन विषयक संताप छोड़ दो। पास रहता धन भी यदि उपभोग में न आये तो उसे न होने के ही समान समझना चाहिए। यदि कोई धनवान हो जाता है तो उसी के गड़े हुए धन से क्यों न हम भी अपने को धनवान समझें।

उपार्जित धन का त्याग ही उसकी रक्षा है। जैसे कि सरोवर से जल का बाहर निकलते रहना ही लाभकारी है, वैसे ही धन का दान करें, भोग करें किन्तु संचय न करें। देखो, मधुमक्खी द्वारा संचय पराग का हनन दूसरे ही कर लेते हैं। धनोपार्जन सुख कदापि नहीं दे सकता वरन् सदैव दु:खी ही करता है। कथन भी है, सुख के अभिप्राय से जो मूर्ख धनादि में अनुरक्त रहते हैं, वे ग्रीष्मऋतु में तप कर मानो शीतलता के लिए अग्नि का ही सेवन कर बैठते हैं।

सर्प वायु पीकर भी दुर्बल नहीं रहते, वन के गजराज शुष्कतृण का भक्षण करके भी बलवान बने रहते हैं। और मुनिवर कन्दमूल खाकर ही समय व्यतीत करते हैं। इसलिए संतोष ही पुरुषों का प्रथम कोषागार होता

है। सन्तोषमृत के पान से परम निवृत्ति और असंतोष वाले पुरुषों को निरन्तर दु:ख की प्राप्ति होती रहती है। मन के निरोध से सब इन्द्रियों का निरोध हो जाता है। जैसे कि मेघाच्छादित सूर्य की रश्मियां भी आच्छादित हो जाती हैं। जैसे कि अग्नि सेवन से प्यास नहीं बुझती—वैसे ही धन की इच्छा से निवृत्ति नहीं होती। धन के लिए अनिन्दित की निन्दा और निन्दनीय की भी स्तुति की जाती है। इस तुच्छ धन के लिए मनुष्य क्या-क्या नहीं कर डालते।

पृथ्वी में दान के समान कोई विधि नहीं है, लाभ के समान कोई बैरी नहीं, शील के समान कोई भूषण नहीं है और संतोष के समान कोई धन नहीं है।

हिरण्यक को यह वचन देता हुआ मन्थरक बोला—हे भद्र! तुम्हें संतोष करना चाहिए। मन्थरक कछुए के वचनों को सुनकर कौवा बोला—मित्र! मन्थरक के कथन तुम्हें अपने चित्त में रखना चाहिए। क्योंकि कथन है कि अप्रिय परन्तु हितकर वचन बोलने वाले ही सच्चे मित्र हैं। इसके विपरीत तो सब नाममात्र के मित्र होते हैं।

वे ऐसी बातें कर ही रहे थे कि शिकारी लुब्धक के भय से व्याकुल चित्रांग नामक एक हिरण उसी सरोवर में घुसा। उसे भयाकुल रूप से आया देखकर लघुपतनक कौवा वृक्ष पर चढ़ गया। हिरण्यक निकटवर्ती झाड़ी में प्रविष्ट हो गया और मन्थरक ने छलांग लगा दी। उस मृग को ठीक प्रकार से पहचानता हुआ लघुपतनक मन्थरक से बोला—अरे-अरे मित्र! यह हिरण प्यासा होकर इधर आया है। यह शब्द उसी का है। मनुष्य यहां नहीं आ सकता। यह शब्द सुनकर मन्थरक ने कहा—हे लघुपतनक! जिस प्रकार यह हिरण नि:श्वास छोड़ता पीछे की ओर देख रहा है, उससे तो यह प्यासा नहीं प्रतीत होता। यह अवश्य ही लुब्धक के भय से त्रस्त होकर आया है।

यह सुनकर चित्रांग हिरण बोला—हे मन्थरक! तुम ही मेरे भय का कारण ठीक प्रकार से समझ सके हो। मैं लुब्धक के प्रहार से बचकर अत्यन्त कठिनाई से यहां तक आ सका हूं। अत: तुम मुझ शरणागत के लिए कोई ऐसा स्थान देखो जहां शिकारियों का पहुंचना सम्भव न हो। यह

सुनकर मन्थरक ने कहा–हे चित्रांग! नीतिशास्त्र को सुनो! शत्रु दिखाई दे तो उससे बचने के दो उपाय हैं, पहला हस्तसंचालन और दूसरा पांव में वेग। जब तक वह दुरात्मा लुब्धक यहां आवे तुम गहन वन में भाग जाओ। तभी लघुपतनक ने शीघ्र से आकर कहा–हे मन्थरक! प्रचुर मांसपिण्ड लिये हुए वह लुब्धक अपने घर की ओर चल दिया है। इसलिए चित्रांग! तुम भय छोड़कर वन से बाहर चले आओ। तदन्तर मित्रभाव में लिप्त हुए वे चारों उस सरोवर पर वृक्ष की छाया में बैठकर सुखपूर्वक काल यापन करने लगे। युक्त वचन है–सुभाषित गोष्ठी के रसास्वादन रूपी कवच जिसके शरीर में बंधे रहते हैं, वे मतिमान पुरुष–स्त्रियों के समागम बिना ही सुखासीन रहते हैं।

एक दिन गोष्ठी के समय चित्रांग अपनी मित्र–मण्डली में न आया तो वे व्याकुल होकर परस्पर कहने लगे–अहो! आज हमारा मित्र क्यों नहीं आया? क्या किसी सिंह आदि ने उसका वध कर दिया? या शिकारी ने पकड़ लिया? अथवा अग्नि में गिर गया? तब मन्थरक ने कौवे से कहा–हे लघुपतनक! मैं और हिरण्यक दोनों ही उसकी खोज में समर्थ नहीं है, क्योंकि हमारी गति अत्यन्त मन्द है। इसलिए तुम वन में जाकर खोज करो। यह सुनकर लघुपतनक अभी कुछ ही दूर गया होगा कि एक क्षुद्र जलाशय के तट पर चित्रांग जाल में बंधा मिला। उसे देखकर कौवा बहुत दुःखी हुआ और पूछने लगा–भद्र! यह सब कैसे हुआ? अपने मित्र को नष्ट होते देखा तो कौवा बहुत दुःखी हुआ।

वार्तालाप के अन्त में चित्रांग लघुपतनक से बोला–हे मित्र! अब तो मेरा अन्त निकट है। अच्छा ही हुआ जो अन्तिम समय में तुम्हारे दर्शन हो गये। यदि प्रेमवश मेरे मुख से कभी कोई अनुचित निकल गया हो तो उसे क्षमा कर देना तथा हिरण्यक और मन्थरक से भी मेरी ओर से क्षमा मांग लेना।

यह सुनकर लघुपतनक बोला–मित्र! हमारे जैसे मित्रों के होते हुए डरो नहीं। मैं अत्यन्त शीघ्र हिरण्यक को यहां ले आता हूं। सत्पुरुष दुःख को प्राप्त कर कभी दुःखी नहीं होते।

कहा भी गया है, जो सम्पदा में हर्ष, विपदा में विषाद, और दुःख

में कायरता प्रकट नहीं करता ऐसे विरले ही महापुरुष धरती पर जन्म लेते हैं। चित्रांग को आश्वासन देता हुआ, हिरण्यक-मन्थरक जहां बैठे थे, लघुपतनक वहां गया और चित्रांग के पाश में बंधने की बात बताई।

सब चित्रांग को बन्धनमुक्त करने के लिए हिरण्यक की पीठ पर बैठकर पुन: लघुपतनक उसके पास गया और वह भी मूषक को देखकर जीवन की आशा करता हुआ उससे बोला–संकट को नष्ट करने के लिए बुद्धिमानों को श्रेष्ठ मित्र बनाने चाहिए। क्योंकि बिना मित्रों के विपत्ति से पार नहीं हुआ जा सकता।

हिरण्यक बोला–भद्र! तुम तो नीतिशास्त्र में कुशल होकर फिर शिकारी के जाल में कैसे फंस गये?

चित्रांग बोला–अहो! बातों का समय नहीं! जब तक लुब्धक यहां आये, मेरे पांव में बंधे पाश काट दो।

यह सुनकर हिरण्यक हंसते हुए बोला–क्या मेरे यहां आ पहुंचने पर भी तुम्हें उस लुब्धक का भय है?

वे दोनों ऐसी बात कर ही रहे थे कि तभी विपत्ति से संतप्त हृदय लिये मन्थरक आ गया। हिरण्यक ने उससे कहा–मित्र! तुमने यहां आकर उचित कार्य नहीं किया। तुम लुब्धक के आने से पूर्व शीघ्रता से यहां से चले जाओ। क्योंकि तुम जलचर प्राणी हो, विपत्ति के समय मैं तो गगन में उड़ जाऊंगा, लघुपतनक बिल में घुसकर आत्मरक्षा कर लेगा किन्तु इस जलचर का इस स्थान में क्या होगा? इसलिए मैं व्याकुलता को प्राप्त हो रहा हूं।

मन्थरक बोला–भद्र! क्या करूं? मित्र के संकट रूपी दाह को सहन करने में असमर्थ हो गया था, इसलिए यहां आ गया।

जब वे परस्पर इस प्रकार की बातें कर ही रहे थे कि तभी कान पर्यन्त धनुष खींचे लुब्धक वहां आ गया। उसे देखते ही चूहे ने उसका तन्तुपाश तुरन्त काट दिया। चित्रांग पीछे की ओर देखता तुरन्त भाग निकला। हिरण्यक निकटवर्ती बिल में प्रविष्ट हो गया। तभी लुब्धक की दृष्टि अपने मार्ग पर धीरे-धीरे चलते मन्थरक पर पड़ी। उसने विचार

किया, यद्यपि विधाता ने उसके भाग्य में आया हुआ हिरण छीन लिया, किन्तु इस कछुए को आहार के लिए उपलब्ध करा दिया। आज इसी के मांस से अपने परिवार की भूख मिटानी होगी। ऐसा सोचकर उसने उसे दर्भी से बांधकर धनुष पर सरका लिया।

यह देखकर हिरण्यक बोला–अहो! यह तो दूसरी विपत्ति आ खड़ी हुई। तभी क्रन्दन करते हुए चित्रांग और लघुपतनक भी वहां आ पहुंचे। तब हिरण्यक ने कहा–अहो! व्यर्थ प्रलाप से क्या होगा? जब तक मन्थर दृष्टि से ओझल न हो जाये उसे छुड़ाने का उपाय करना चाहिए। क्योंकि जो दुःख की प्राप्ति पर मोह के वशीभूत होकर केवल सहन करता है तो उसका क्रन्दन बढ़ता ही जाता है। नीतिवानों ने संकट से मुक्त होने की युक्ति ही विषाद का त्याग बताया है।

यह सुनकर कौवा बोला–अहो! ऐसा है तो मेरे वचनों के अनुसार करो। चित्रांग उस लुब्धक के मार्ग पर अचेत होकर लेट जाये और मैं इसके सिर पर जाकर अपनी चोंच के प्रहार से धीरे-धीरे कुरेदने लगूं। इस प्रकार मुझे चोंच द्वारा कुरेदते देखकर वह दुष्ट लुब्धक इसे मृत समझ लेगा। और मन्थरक को धरती पर रखकर हिरण के लिए दौड़ेगा। इसी मध्य हिरण्यक बन्धन को काट डालेगा।

उन सब ने वैसा ही किया, जैसी विधि सबको बताई गई थी। हिरण्यक ने अपने वज्र जैसे तीव्र दांत की नोक से उस बन्धन को काटकर मन्थरक को मुक्त कर दिया। कछुआ उससे निकलकर निकटस्थ सरोवर में कूद पड़ा। उधर चित्रांग भी धरती से उठकर भाग खड़ा। तब आश्चर्यचकित विषाद युक्त लुब्धक ने वहां आकर देखा तो कछुआ भी जा चुका था। वह वहीं बैठकर यही श्लोक विचार करने लगा–

हां कृतान्त! तूने बन्धन में प्राप्त हुए मेरे उस बड़े मृग का हरण कर लिया। और यह कछुआ भी तेरे आदेश से यहां से अदृश्य हो गया। अब भूख से पीड़ित मैं अपनी पत्नी और पुत्र द्वारा त्यागा जाकर इस वन में भटक रहा हूं। अब तक जो अनिष्ट तूने किया न हो, उसे भी कर ले। मैं उस सबको भी सह लूंगा। इस प्रकार बहुविधि विलाप करता हुआ वह लुब्धक अपने घर को गया। उसके अधिक दूर निकल जाने पर काक,

कछुआ, हिरण व मूषक चारों परम आनन्दित होकर आलिंगन में बंध गये। वे सब अपने पुनर्जन्म में प्रवेश ले चुके थे। वे सब उसी सरोवर में आ पहुंचे और पुनः सुभाषित कथा-गोष्ठी का आनन्द लेने लगे।

इस प्रकार विवेकी जनों को मित्र का संग्रह करना चाहिए। मित्रों के साथ कपट व्यवहार कभी न करें। कथन भी है–

जो पुरुष अधिक मित्र बनाकर उनके साथ कपट का व्यवहार नहीं करता, वह उनके सहयोग के कारण पराभव को प्राप्त होता है। जिस प्रकार देह की रक्षा हाथ और नेत्रों की रक्षा पलक करती है, उसी प्रकार जो विचार किये बिना ही किसी का भला करने को प्रस्तुत रहे, उसी को मित्र कहते हैं। पवित्रता, शौर्य, सुख-दुःख में समानता, चतुरता, स्नेह, सत्यता ही सुहृद के गुण कहे जाते हैं।

रोगी, धनहीन, देशान्तर प्रवासी एवं शोक-संतप्त मनुष्य के लिए सुहृदजन का दर्शन परम औषधि के समान हितकर होता है। दर्शन के समय जब आत्मा दृश्यन को प्राप्त होने लगे तो इस स्थिति को स्नेह कहते हैं। स्वाभाविक मित्र का मिलना तो भाग्य से ही सम्भव है। उसका अकृत्रिम सौहार्द्र आपत्काल में भी नष्ट नहीं होता। प्राण देकर भी मित्र का हित करे, द्रोहभाव न रखे, कपट न करे और मित्र को अपनी आत्मा के समान समझकर उसका प्रिय करे। मैत्री के महाव्रत यही कहे गये हैं।

ООО

कौए और उल्लू की कथा

दक्षिण देश के महिलारोप्य नामक नगर था। जिसमें सघन पत्तों से परिपूर्ण एक वटवृक्ष था। वहां अनेक कौवों से युक्त परिवार वाला काकराज रहता था। उसका नाम मेघवर्ण था। वह वहां दुर्ग बनाकर सकुटुम्ब निवास करता था।

उसी वृक्ष पर अनेक उल्लुओं वाला उलूकराज अपने परिवार के साथ पर्वत गुफा रूपी दुर्ग में रहता था। वह नित्य प्रति रात्रि के समय उस दुर्ग के समीप आकर उसके चारों ओर चक्कर काटकर जिस किसी काक को देखता, पूर्व बैर के कारण उसी को मार देता। इस प्रकार रोज वहां जाकर धीरे-धीरे उस वटवृक्ष को कौवों रहित करता जा रहा था।

काकराज मेघवर्ण ने यह सब देखा तो बहुत चिन्तित हुए और अपने साथियों को बुलाकर कहा—हमारा शत्रु उल्लू हमसे अधिक शक्तिशाली और बुद्धिमान है। उसे हमारे साथ संघर्ष के अवसर की पहचान है। वह इस तथ्य को भली-भांति जानता है कि हमें रात्रि में दिखाई नहीं देता। शत्रु के दुर्ग की न ही हमें जानकारी है और न हमारी वहां तक पहुंच है। अपने बचाव और शत्रु के विनाश के लिए हमको क्या करना चाहिए, आप ही बताइये।

मन्त्रियों में से एक ने कहा—यूं तो संकटकाल में राजा द्वारा न पूछने

पर भी मन्त्री को राजा के हित की बात करनी चाहिए। राजा द्वारा पूछे जाने पर तो राजा को उपयुक्त सुझाव देना और राज्यहित की बातें बताना मन्त्री का कर्तव्य है।

दूसरा मंत्री बोला–राजा द्वारा पूछे जाने पर राजा को सर्वथा हितकारक और सर्वथा उपयोगी सुझाव न देने वाला मन्त्री तो शत्रु के समान होता है।

तीसरा मंत्री बोला–महाराज! मेरे दोनों साथियों का कथन तो सत्य है परन्तु मन्त्रणा एकान्त में ही करने का विधान है। हमें भी समस्या के निदान के लिए किसी निष्कर्ष पर पहुंचना है तो विचार-विमर्श की व्यवस्था एकान्त में ही करनी चाहिए।

राजा मेघवर्ण ने पांचों वंशानुगत मन्त्रियों–उज्जीवी, संजीवी, अनुजीवी, प्रजीवी और चिरंजीवी को बैठाकर शेष सभासदों को विदा कर दिया। फिर क्रम से एक-एक के विचार को जानना प्रारम्भ किया।

सर्वप्रथम उज्जीवी बोला–राजन्! नीतिकारों ने अपने से अधिक बलवान शत्रु को अनुचित एवं अवांछनीय माना है। हमारा शत्रु हमसे कहीं अधिक बलशाली है और फिर हमें पछाड़ने के अवसर की बाट जोह रहा है। इस स्थिति में हमारा उससे युद्ध छेड़ना आत्मघाती होगा। शास्त्रकारों का कथन है–

"प्राणी पर संकट को देखकर बुद्धिमान राजा को अनार्य एवं नीच शत्रु से भी सन्धि कर लेना चाहिए। क्योंकि प्राणों के सुरक्षित रहने पर ही राज्य को सुरक्षित किया जा सकता है।"

अत: मेरे विचार में अनेक युद्धों के विजेता अपने शत्रु उलूकराज से सन्धि कर लेनी चाहिए। प्रतापी राजा से मित्रता करने से दूसरे शत्रु भी स्वत: शान्त हो जाते हैं। आचार्य बृहस्पति का निर्देश है कि समय को प्रतिकूल देखकर बुद्धिमान राजा को कछुए के समान अपने अंगों को समेट लेना चाहिए। और शत्रु के तीखे प्रहारों को भी सहते रहना चाहिए। जब समय अनुकूल आ जाये तो काले सांप की भांति उसे एक ही झपट्टे में गिरा देना चाहिए।

यह सब कहकर उज्जीवी ने मौन धारण कर लिया। इसके पश्चात्

काकराज ने प्रजीवी से उसका मत पूछा। तो वे बोले–महाराज! मुझे तो सन्धि, विग्रह उपाय युक्त नहीं लगते। मुझे तो वर्तमान स्थिति में आसन अपने दुर्ग में छिपकर तैयारी करना और शत्रु के आक्रमण की प्रतीक्षा करना ही एकमात्र उपयुक्त उपाय प्रतीत होता है। मगरमच्छ अपने स्थान पर रहता हुआ भी बड़े-बड़े हाथियों को अपने वश में कर लेता है। परन्तु अपने स्थान (जल) से बाहर निकलते ही कव्वे जैसे क्षुद्र जीव से भी पराजित हो जाता है। जिस प्रकार दन्तहीन सर्प और मदहीन हाथी अशक्त हो जाने से दूसरों द्वारा आसानी से पकड़े जाते हैं, उसी प्रकार अपने दुर्ग को छोड़ने वाला राजा भी शत्रुओं के वश में आसानी से आ जाता है। अतः मेरे विचार से आप धन, धान्य, यन्त्र, अस्त्र, शस्त्र, सैन्य दीवारें, खाइयां आदि संग्रह करें। फिर दृढ़ प्रतिज्ञी होकर दुर्ग के मध्य में निवास करें। शत्रु के आक्रमण होने पर यदि आपको युद्ध में विजय मिलती है तो आपका केवल साम्राज्य पर ही अधिकार नहीं वरन् विश्व-कीर्ति का भी प्रसार होगा। इसके विपरीत यदि दुर्भाग्यवश आपकी मृत्यु हो जाती है तो आपको स्वर्ग और यश का लाभ होगा। इसलिए मैं तो आपको आसन-उपयुक्त अवसर की प्रतीक्षा और तैयारी को अपनाने का सुझाव दूंगा।

मेघवर्ण के निर्देश पर चिरंजीवी बोला–नीति के छः सूत्र–सन्धि, विग्रह, यान, आसन, द्वैधिभाव तथा संशय–गुणों में मुझे तो वर्तमान स्थिति में संशय सर्वोत्तम उपाय प्रतीत होता है। जिस प्रकार वायुविहीन प्रदेश में अग्नि स्वतः बुझ जाया करती है, उसी प्रकार अकेला और असहाय व्यक्ति कुछ नहीं कर सकता। अपने छोटे लोगों का संग भी कल्याणकारी होता है। छिलके से अलग हुए चावल जिस प्रकार अंकुरित नहीं हो पाते, उसी प्रकार मित्रों से कटा आदमी अभीष्ट लाभ नहीं प्राप्त कर सकता है। कथन है–

"महापुरुषों का आश्रय तो निश्चित रूप से ही उन्नति का साधन है। कमल के पत्ते पर पड़ी पानी की बूंदें मोती का आकार धारण कर लेती हैं।"

चिरंजीवी के मौन ग्रहण कर लेने पर राजा मेघवर्ण अपने पिता के समय से चले आ रहे सभी शास्त्रों के तत्त्वदृष्टा एवं अनुभवी स्थिरजीव को प्रणाम करके विनम्र भाव से उससे बोला–आपकी उपस्थिति में मैंने

जानबूझकर इन सचिवों से सुझाव मांगे हैं। जिससे आपको इनकी योग्यता और दृष्टिकोण की पूरी जानकारी मिल सके। अब आप मेरे लिए जो श्रेष्ठ समझें, वह मुझे बताने की कृपा करें।

स्थिरजीव ने कहा–राजन्! आपके मन्त्रियों ने अपने-अपने ढंग से उपयुक्त सुझाव दिये। इनकी योग्यता, निष्ठा, व्यवहार कुशलता आदि इनके प्रशंसनीय गुण हैं। परन्तु वर्तमान स्थिति में मैं संधि को ही उपयुक्त मानता हूं।

दुष्ट एवं बलवान शत्रु के साथ संधि का अवलम्बन करके आप ऊपर से संधि का भाव प्रदर्शित करते रहें और भीतर युद्ध की तैयारी करते रहें। जिस प्रकार गुड़ से बढ़ाया कफ थोड़े समय में बिना परीक्षण गिरा दिया जाता है उसी प्रकार बुद्धिमान व्यक्ति पहले शत्रु को बढ़ने का अवसर देते हैं, फिर अवसर पाते ही उनका सर्वनाश कर डालते हैं–

"राजन! द्वैधिभाव का आलम्बन करने से आप एक ओर अपने दुर्ग में निवास करते रहेंगे और दूसरी ओर शत्रु को यहीं से प्रलोभन दिखा, यथा समय उसका उच्चाटन भी कर सकेंगे।"

मेघवर्ण ने आभार प्रकट करते हुए कहा–तात्! मैं तो उलूक का आवास भी नहीं जानता। फिर उसके छिद्रों की जानकारी कहां से और कैसे प्राप्त करूंगा?

स्थिरजीव ने कहा–महाराज! आप इसकी चिन्ता न करें। गुप्तचरों के द्वारा आप न केवल उसके स्थान की, अपितु उसके छिद्रों की भी पूरी जानकारी पा लेंगे। यह दायित्व हमारा है और हम इसका निर्वाह करेंगे।

वस्तुत: जिस प्रकार चतुर लोग सीढ़ियों के द्वारा अथाह जलराशि वाले कूप की गहराई की जानकारी प्राप्त कर लेते हैं, उसी प्रकार गुप्तचर भी शत्रु पक्ष के अधिकारियों के माध्यम से विभिन्न विभागों में घुसकर गुप्त भेद जान लेते हैं।

स्थिरजीवी के वचनों को सुनकर और आश्वस्त होकर मेघवर्ण ने पूछा–तात! कव्वों और उल्लुओं में ऐसे प्राणघातक स्थायी वैर का क्या कारण है। राजा की जिज्ञासा पर स्थिरजीवी बोला–

OOO

उल्लू का राज्याभिषेक

एक बार हंस, शूकर, कोयल, चातक, कबूतर, बटेर और कुक्कुट आदि पक्षियों ने मिलकर एक सभा की। पक्षियों ने विचार किया कि कहने को तो गरुड़ जो हमारे राजा हैं और वे भगवान विष्णु के वाहन होने से उनके समीप हैं। किन्तु फिर भी हमारे भाई-बन्धु व्याधों के जाल में फंसते और असमय में मृत्यु का ग्रास बनते रहते हैं। गरुड़ जी हमारी कोई चिन्ता नहीं करते। जो राजा अपनी प्रजा के पीड़ित होने की चिंता नहीं करता उसे किस प्रकार राजा माना जा सकता है। आज हमें ऐसे जीव को अपना राजा बनाना है जो सुख-दुःख में हमारा साथ दे।

सभी पक्षियों ने भद्र आकृति वाले उल्लू को उपयुक्त मानकर उसे अपना नया राजा घोषित कर दिया। शुभ मुहूर्त में पूरे विधि-विधान के साथ उल्लू के राज्याभिषेक का आयोजन किया गया। उल्लू राजसिंहासन पर बैठने ही वाला था कि कहीं से उड़कर एक कौवा वहां आ गया। पक्षियों ने कव्वे को अपनी जाति का विशिष्ट बुद्धिमान समझते हुए उसे सारी बात बताई और उक्त निर्णय पर उसके विचार को जानना शुरू किया।

कव्वे ने हंस, कोकिल और सारस जैसे सुन्दर और गुणी पक्षियों को छोड़कर अन्धे और भयंकर आकृति वाले उल्लू को राजा चुनने पर आपत्ति की और कहने लगा–स्वभाव से ही उग्र, भयंकर और अप्रियवादी उल्लू

को राजा बनाने का क्या लाभ होगा।

बन्धुओं! हमारे राजा गरुड़ जी की बहुत प्रतिष्ठा और अच्छी प्रसिद्धि है। ऐसे महान् प्राणी का तो नाम लेने से ही बड़े-बड़े कार्य सिद्ध किये

जा सकते हैं। इस उल्लू में वह कौनसा गुण है जो गरुड़ कर सके व उनका स्थान ले सके। तुम्हें याद नहीं, चन्द्रमा का मात्र नाम लेने से ही खरगोश सुखपूर्वक सरोवर में बात करने लगते थे। यह कैसा वृत्त है? उत्तर में कव्वा बोला–

ooo

खरगोश की बुद्धिमानी

किसी वन में हाथियों का एक झुण्ड रहता था। उनके स्वामी का नाम चतुर्दन्त था। उस वन में कई वर्ष तक वर्षा का अभाव रहा। अनावृष्टि के कारण छोटे-बड़े और कच्चे-पक्के सरोवर सूखने लगे। थोड़े ही समय में आस-पास पानी का अभाव हो गया। इसके फलस्वरूप थोड़े ही दिनों में हाथी काल का ग्रास बनने लगे। हाथियों ने अपने स्वामी चतुर्दन्त से अपनी व्यथा कही और प्यास से मरते हुए हाथियों के लिए सरोवर खोजने की प्रार्थना की। चतुर्दन्त द्वारा इस कार्य के लिए नियुक्त हाथियों ने आकर बताया कि यहां से थोड़ी ही दूरी पर स्वच्छ जल से भरा एक सरोवर है जो पाताल-गंगा से निरन्तर जल मिलता रहने के कारण सदा जलपूर्ण रहता है। उसके जल के क्षीण होने का तो प्रश्न ही नहीं उठता।

नियुक्त प्रतिनिधियों से बात सुनकर गजराज अपने झुण्ड के साथ उस सरोबर की ओर प्रस्थान करने की तैयारी करने लगे। उनका झुण्ड उसी सरोवर की ओर चल पड़ा।

सारी रात चलते रहने के पश्चात् प्रातःकाल उन्हें वह सरोवर मिला। सभी हाथी उस सरोवर के स्वच्छ और गहरे जल को देखकर प्रसन्न हो गये। उन्होंने जी भर कर स्नान किया और पेट भरकर अपनी प्यास बुझाई। दिन-भर क्रीड़ा करने के बाद समस्त हाथी सायंकाल अपने निवास की

ओर चल पड़े।

इधर जिस मार्ग से हाथियों का वह झुण्ड यात्रा करके उस सरोवर तक पहुंचा, उसके चारों ओर की सुकोमल धरती पर खरगोशों के असंख्य बिल थे, जोकि उन हाथियों के चलने से परिभग्न हो गये। इसके साथ ही बहुत सारे खरगोशों के सिर आदि टूट भी गये। उनमें से कुछ तो मृत्यु को भी प्राप्त हो गये। इस प्रकार हाथियों के उस समूह के आने से सरोवर के आस-पास के क्षेत्रों में बसे खरगोश त्रस्त हो गये। वे सभी अपने घर

और परिवार की दुर्दशा पर शोक व्यक्त कर रहे थे। तब उन सब ने एकत्र होकर परस्पर मंत्रणा की—अहो! हम तो नष्ट हो गये। क्योंकि अन्यत्र जल न होने के कारण हाथियों का यह झुण्ड तो नित्य प्रति ही यहां आयेगा। इससे तो हमारा नाश ही हो जायेगा।

हाथी स्पर्श करके, सर्प सूंघकर, राजा हंसकर और दुर्जन मान करके मारता है। इसलिए इसका कुछ उपाय सोचो। उनमें से एक ने कहा—हमें इस देश को छोड़कर चल देना चाहिए। अन्य उपाय ही क्या हो सकते हैं? मनु और व्यास का वचन भी है कि कुल की रक्षा के लिए एक को छोड़ें, ग्राम के हितार्थ कुछ को छोड़ें, देश के लिए ग्राम को ही छोड़ दें और अपनी आत्मा के लिए पृथ्वी का ही परित्याग कर दें।

कल्याणमयी नित्यप्रति पशुओं की वृद्धि करने वाली पृथ्वी को भी

राजा अपनी आत्मा के हित में बिना विचारे ही छोड़ देता है। धन से अधिक नारी की रक्षा करें और धन व नारी से भी अधिक अपनी आत्मा की रक्षा करें।

तत्पश्चात् अन्य खरगोशों ने कहा–अहो! पिता, पितामह के स्थान का सहसा त्याग सम्भव नहीं है। इसलिए उन हाथियों के लिए कोई व्यूह की रचना करनी चाहिए। जिससे कि वे देववश यहां न आ सकें। कथन भी है कि विषरहित सर्प भी फन को अधिक फैलावे, क्योंकि विष हो या न हो, फणाटोप की भयंकरता होनी चाहिए।

दूसरे खरगोश बोले–यदि ऐसा है तो उनके लिए एक ऐसी विभीषिका का स्थान है, क्योंकि हमारा राजा विजयदत्त नामक खरगोश चन्द्र मण्डल में रहता है। इसलिए उस यूथपति के पास किसी दूत को भेजो जो बनावटी हो और उससे वहां जाकर कहो कि तुम्हारे इस सरोवर में आगमन का चन्द्रदेव निषेध करते हैं। क्योंकि हमारे आश्रित खरगोशों का इसके चारों ओर निवास है। सम्भव है कि ऐसे अजेय वचनों के कहे जाने पर वे रुक जायें। यदि ऐसा है तो यहां लम्ब कर्ण नामक एक शशक का निवास है। वह वचन रचना में चतुर और दूत के कर्म का ज्ञाता है। वहां उसी को भेजना चाहिए। कथन है–

"सुन्दर आकार, वाणी में निपुण, शास्त्रों में पारंगत और दूसरे के चित्त की बात समझ लेने वाला पुरुष ही राजा का दूत होने के योग्य है। जो राजा, धूर्त, मूर्ख और मिथ्या में लिप्त दूत को नियुक्त करता है, उसके कार्य की सिद्धि नहीं होती।"

इसलिए इस दुःख से मुक्त होने का कोई उपाय खोजना चाहिए। तब अन्यों ने कहा–अहो! यह उचित है। हमारे जीवित होने का कोई अन्य उपाय न हो तो इसे ही करना चाहिए। ऐसा निश्चित होने पर यूथपति के पास भेजे जाने की लम्बकर्ण की नियुक्ति की गई। वह चल दिया और उन हाथियों के आवागमन के मार्ग पर एक अगम्य स्थान पर चढ़कर उस गजराज से बोला–अरे ओ दुष्ट हाथी! तू निर्भय होकर इस चन्द्र सरोवर पर क्यों आया करता है? अब तू यहां आने से निवृत्त हो। यह सुनकर विस्मित हुआ हाथी बोला–तू कौन है यह तो बता। वह बोला–मैं

चन्द्रमण्डल का निवासी लम्बकर्ण नामक शशक हूं। इस समय भगवान चन्द्रदेव ने मुझे अपना दूत नियुक्त करके तेरे पास भेजा है। तुम जानते ही होंगे कि यथार्थ कहने वाले दूत के वचन का दोष नहीं मानते! क्योंकि सब राजाओं का मुख दूत ही होता है।

यह सुनकर हाथी बोला--अहो शशक! तुम भगवान चन्द्रदेव का सन्देश कहो, जिससे कि उसका पालन तुरन्त किया जा सके। वह बोला--आपने व्यतीत हुए दिन अपने समूह सहित आकर अनके शशकों की हत्या कर डाली है। तब क्या आप यह नहीं जानते कि यह सब खरगोश मेरे कुटुम्बी हैं। इसलिए आपको यदि अपने जीवन का प्रयोजन है तो इस सरोवर पर कभी भी मत आना। उन्होंने यही सन्देश भेजा है। हाथी ने कहा--भगवान चन्द्रदेव इस समय कहां हैं। वह बोला--आपके यूथ द्वारा भदित शशकों में से जो मरण शेष बचे हैं, उन्हें आश्वासन देने के लिए इस सरोवर में ठहरे हुए हैं। और उन्हीं ने मुझे तुम्हारे पास भेजा है। हाथी ने कहा--ऐसा है तो मुझे भी अपने स्वामी के दर्शन करा दो तो मैं उन्हें प्रणाम करके अन्य स्थान पर चला जाऊंगा। शशक बोला--अहो! मेरे साथ एकाकी आओ तो मैं आपको दर्शन करा दूं। ऐसा कहकर वह खरगोश उस हाथी को सरोवर तट पर ले गया। उसे जल में चन्द्रमा का बिम्ब दिखाते हुए बोला--अहो! इस समय हमारे स्वामी जी समाधि लिये हुए हैं। अतएव मौनपूर्वक प्रणाम करके आप तुरन्त लौट जाओ। अन्यथा समाधि भंग होने पर वो अत्यन्त कुपित हो जायेंगे। तब हाथी संत्रस्त मन से प्रणाम करकेक वहां से चला गया। उस दिन से सभी शशक अपने परिवार सहित वहां शान्ति से निवास करने लगे।

कथा समाप्त करके काक कहने लगा--बड़ों के नाम से कभी-कभी महती सिद्धि प्राप्त हो जाती है। जैसे कि चन्द्रदेव के नाम से ही शशक सुखपूर्वक रहने लगे। जो अकृतज्ञ, कायर, पीठ पीछे निन्दा करता हो ऐसे को कभी स्वामी नहीं बनाना चाहिए। पुरातत्व की बात है, न्याय की खोज करते खरगोश और कपिलजन नामक गौ या पक्षी एक क्षुद्र न्यायाधीश द्वारा मार दिये गये। उसने पूछा तो कैसे? कौवे ने कथा आरम्भ की--

OOO

झगड़े का परिणाम

पहले कभी मैं एक वृक्ष पर निवास करता था। उसके नीचे के कोटर में एक कपिलजन नामक गौरेया रहती थी। सदैव सायंकाल आकर हम दोनों अनेक सुभाषित गोष्ठियों में देवर्षियों-महर्षियों एवं राजर्षियों के महान चरित्र का कीर्तन करते हुए अपने पर्यटन काल में देखी घटनाओं का वर्णन करके, जीवन-यापन करते थे। एक दिन कपिलजन अन्य पक्षियों के साथ एक पके हुए धान्य के खेत की ओर गये। जब वह रात्रि का समय हो जाने पर भी नहीं लौटा तो मैं उद्वेग युक्त मन से उसके वियोग में दु:खित होकर विचार करने लगा। अहो! कपिलजन अभी तक क्यों नहीं लौटा? क्या किसी के फन्दे में फंस गया? अथवा किसी के द्वारा मारा गया। यदि वह सर्वथा कुशलपूर्वक होता तो मेरे बिना रह ही नहीं सकता था। इसी प्रकार सोचते हुए मुझे बहुत दिन बीत गये। तत्पश्चात् शीघ्रगामी नामक एक खरगोश उसके कोटर में आकर रहने लगा। कपिलजन से निराश होने के कारण मैंने उसे नहीं रोका। कुछ दिनों के पश्चात् एक दिन कपिलजन चावल खाने से अत्यन्त सुदुष्ट शरीर हो और अपने स्थान की याद करके वहां लौट आया।

सभी देहधारियों को जैसा सुख दरिद्रावस्था में अपने देश और गृह में मिलता है वैसा कहीं और नहीं मिल सकता। उसने अपने कोटर में

खरगोश को देखकर आक्षेप सहित कहा–हे खरगोश! तुम्हारा यह कार्य उचित नहीं जो तुम मेरे कोटर में आकर रहने लग गये हो। इसलिए तुरन्त

यहां से चले जाओ। खरगोश बोला–यह घर तेरा नहीं, मेरा है। तू ऐसे झूठ और कठोर शब्द क्यों कहता है। कथन है कि, कूप, तड़ाग, देवमन्दिर और वृक्ष एक बार त्याग देने से दोबारा नहीं मिलता। जिसने जिसके खेत को

दस वर्ष तक भोगा हो, उसके स्वामित्व को भोग ही प्रमाण है। उसमें साक्ष्य एवं लेख प्रमाण नहीं होता। पशु-पक्षी जब तक यहां रहते हैं उनके स्वामित्व की अवधि तभी तक की होती है। इस प्रकार यह घर तेरा नहीं, मेरा है। कपिलजन ने कहा–अहो! यदि तू स्मृति को प्रमाण माने तो साथ चल, किसी स्मृति के पारंगत से पूछ ले। वह जैसा कहे वैसा ही करेंगे। इस प्रकार निश्चय के बाद मैंने विचार किया कि इसमें क्या होना है--इस न्याय को मैं भी देख लूं। इसलिए कौतुहलवश मैं भी उनके पीछे चल पड़ा। तदन्तर उनके विवाद का श्रवण कर मुझे आनन्द भी आने लगा।

तीक्ष्णवन्त नाम बिडाल (बिल्ले) ने कपिलजन और शीघ्रगति के विवाद को सुना तो मार्ग में पड़ने वाली एक नदी के किनारे जाकर बैठ गया। अपने हाथ में कुशा लेकर, नेत्र बन्द कर, एक पैर पर खड़े होकर, एक भुजा को उठाकर धर्मोपदेश देना प्रारम्भ कर दिया। वह संसार की नश्वरता, भौतिक पदार्थों की असारता और जीवन की क्षणभंगुरता का प्रवचन करने लगा।

बिडाल को धर्मोपदेश करता देखकर खरगोश ने बिडाल से न्याय करने को कहा तो कपिलजन ने उसे अपना स्वाभाविक शत्रु मानकर दूर से ही उससे बातचीत प्रारम्भ की। परन्तु धूर्त बिडाल ने उसे अपने अहिंसक होने का विश्वास दिलाकर दोनों को अपने पास बुला लिया।

कपिलजन और शशक के अपने समीप आने पर बिडाल ने एक ही झपट्टे में एक पैर से एक को और दूसरे पैर से दूसरे को मार कर स्वादिष्ट भोजन का आनन्द प्राप्त किया।

इस कथा को सुनाकर कव्वा बोला–मित्रों! क्षुद्र राजा से प्रजा का इस प्रकार अहित ही होता है। आप लोग जिस मूर्ख, प्रकाश से शत्रु और बुद्धिहीन को राजा बनाने जा रहे हैं–वह क्षुद्र और नीच है। इससे आपको पछताना पड़ेगा। फिर भी आप अपने पैर पर कुल्हाड़ी मारने ही जा रहे हैं तो आपकी इच्छा से मुझे इससे अधिक कुछ कहना ही नहीं है।

कव्वे के कथन को सुनकर पक्षियों ने उल्लू के राज्याभिषेक का विचार छोड़ दिया और चुपचाप अपने-अपने स्थान को चल पड़े। दिन के प्रकाश में न देख पाने वाला उल्लू एक कृकालिका (चील) के साथ

अकेला रह गया। बहुत देर तक प्रतीक्षा करने के बाद जब उल्लू को अपने अभिषेक की कोई भनक नहीं लगी तो उसने चील से विलम्ब का कारण पूछा तो कृकालिका ने उसके कार्य को बिगाड़ने की जानकारी देकर कहा–चलो अब तुम सपना छोड़ दो और मैं तुम्हें तुम्हारे निवास पर छोड़ दूं। चील से सारा वृत्तांत सुनकर निराश और दुःखी उल्लू ने कव्वे से पूछा–मैंने तुम्हारा क्या बिगाड़ा था जो तुमने मेरी इतनी बड़ी गति की है? मैं अब अन्तिम इच्छा के रूप में अपने वंशजों को आदेश दूंगा, वे पीढ़ी-दर-पीढ़ी तुमसे दुष्टता का बदला लें। हमारा बैर अब वंशानुगत चलेगा। वास्तव में तुम्हारे वचन रूपी वाणों से होने वाला घाव कभी भरने वाला नहीं। शास्त्रकारों ने कहा है–

"शस्त्र, वाण, भाला आदि से किया गया घाव भर जाता है परन्तु कड़वे और गन्दे वचनों द्वारा किया गया घाव कभी नहीं भरता।"

इस प्रकार कव्वे को चेतावनी देकर उल्लू चील के साथ अपने निवास को चला गया। कव्वे ने सोचा, यद्यपि मैंने पक्षियों के हित में ही यह सब किया है, फिर भी अकारण स्थायी वैर मोल ले लिया है। परन्तु परहित में होने वाली हानि को सहना अनुचित नहीं। यह सोचता हुआ कव्वा भी अपने निवास को चला गया।

स्थिरजीवी बोला–महाराज! तब से आपका उल्लुओं के साथ वैर चला आ रहा है। इस कथन को सुनकर मेघवर्ण ने स्थिरजीवी के लिए आभार प्रकट किया और पूछा–तात्! वर्तमान परिस्थिति में हमारे लिए क्या करना उचित है? स्थिरजीवी बोला–महाराज! षट्गुणों–सन्धि, विग्रह, यान, आसन, द्वैधिभाव तथा समाश्रय के अतिरिक्त एक अन्य उपाय छल भी है। मैं स्वयं इस उपाय के लिए शत्रु शिविर में जाऊंगा। जिस प्रकार धूर्तों ने ब्राह्मण के बकरे को कुत्ते का पिल्ला बताकर छल से ब्राह्मण को ठग लिया, उसी प्रकार मैं भी छल से ही शत्रुओं को पराजित करूंगा। राजा द्वारा पूछे जाने पर ब्राह्मण और बकरे की कथा सुनाता हुआ स्थिरजीवी बोला–

○○○

धूर्त चाल

किसी नगर में मित्र शर्मा नामक कर्मकाण्डी ब्राह्मण रहता था। उसने अमावस्या के दिन यज्ञ करने का निर्णय ले लिया। और समीप के गाँव में रहने वाले अपने एक यजमान से पशु बलि के रूप में एक हृष्ट-पुष्ट और स्थूल बकरे को मांग लिया।

बकरे को इधर-उधर भागता देखकर ब्राह्मण ने उसे अपने कन्धे पर बैठाया और घर की ओर चल दिया। मार्ग में तीन धूर्त ठगों ने ब्राह्मण को अकेला गुजरता देखकर शान्त और संयत स्वर में उसे मूर्ख बनाने की योजना बनायी। सर्वप्रथम एक ठग व्यापारी के वेश में ब्राह्मण के पास जाकर प्रणाम कर अपवित्र कुत्ते को कन्धे पर बैठाने हेतु, घृणा प्रकट करने लगा। ब्राह्मण ने व्यापारी को मूर्ख और अन्धा बताया और बकरे को पिल्ला बताने के लिए उसकी निन्दा की। व्यापारी ने बड़े ही शान्त और संयत स्वर में कहा–ब्राह्मण देवता! सत्य क्या है यह आपको घर पहुंचने पर पता चल जायेगा।

ब्राह्मण अभी थोड़ी ही दूर गया था कि ब्रह्मचारी के वेश में दूसरा ठग ब्राह्मण के सामने आकर बोला–छिः-छिः! ब्राह्मण होकर कुत्ते को कन्धे पर लादते तुम्हें लज्जा नहीं आती, यदि कुत्ते से इतना ही प्रेम था तो मस्तक पर तिलक तो न लगाया होता।

ब्राह्मण ने कुद्ध होकर ब्रह्मचारी को भी अन्धा बताया। अभी ब्राह्मण थोड़ी दूर ही चला था कि संन्यासी के वेश में आगे तीसरे धूर्त ने कन्धे पर कुत्ते की भर्त्सना की और उसकी छाया से अपवित्र होने पर शुद्धि के लिए स्नान करने भागा।

संन्यासी के चले जाने पर ब्राह्मण की बुद्धि भ्रमित हो गई। उसने बकरे को अपने कन्धों से उतारकर जंगल में छोड़ दिया और अपनी मूर्खता

पर पछताता हुआ आगे बढ़ गया। ब्राह्मण के आंखों से ओझल होने के बाद उन धूर्तों ने उस बकरे को पकड़ लिया। इस प्रकार वे तीनों अपनी चाल में सफल हो गये।

उक्त कथा को सुनाकर स्थिरजीवी बोला–महाराज! इसलिए मैं कहता हूं कि छल-कपट से बड़े-बड़े समझदारों को भी मूर्ख बनाना कोई कठिन कार्य नहीं है। उन्हें ठगना भी सम्भव हो जाता है। बड़े से बड़े बलवान को भी दुर्बलों के समूह का विरोध महंगा पड़ता है। फन को फुंफकारने वाले सर्प को भी चींटियों द्वारा खाये जाने से इस सत्यता का प्रमाण मिलता है।

चींटियों द्वारा सांप को खाए जाने का वृत्तांत सुनाता हुआ स्थिरजीवी बोला–

OOO

एकता में बल

किसी स्थान पर रेत के टीले में अतिदर्प नामक एक अत्यन्त भयंकर सांप रहता था। वह एक दिन अपने बिल से निकलने के लिए सामान्य मार्ग को छोड़कर एक दूसरे अत्यन्त संकरे मार्ग से निकलने लगा। छिद्र के संकरे होने के कारण उसका स्थूल शरीर इस प्रकार छिल गया कि शरीर में कितने ही घाव हो गये और इन घावों से रक्त बहने लगा। रक्त की गंध का पीछा करती हुई चींटियां सांप के शरीर से लिपट गईं और उसके घावों से रक्त चूसने लगीं। चींटियों के काटने से सांप और अधिक व्याकुलता का अनुभव करने लगा। उसने चींटियों को शरीर से उतार भगाने की बड़ी चेष्टा की, परन्तु उसे कोई सफलता न मिली। वस्तुतः एक तो चींटियां बड़ी संख्या में थीं। दूसरे, घावों से निरन्तर रिसते रक्त ने सांप को बहुत अधिक व्यथित कर दिया था। फलतः अपने इस दुःख को झेलने के सिवाय और कोई उपाय नहीं था। इसलिए मैं कहता हूं कि समूह का विरोध कभी नहीं करना चाहिये। यदि करना भी पड़े तो उनमें मतभेद उत्पन्न हो जाने पर मनोबल टूट जाता है। संकल्प-शक्ति क्षीण हो जाती है और संघ बिखर जाता है। काकराज मेघवर्ण से बोला–तात्! आप जो भी करेंगे, मेरे हित में होगा, परन्तु मुझे क्या करना होगा–यह भी बताने की कृपा करें।

स्थिरजीवी बोला–स्वामिन्! मेरी कपट योजना की सफलता के लिए आपकी भूमिका यह होगी कि आप अत्यन्त कठोर स्वर से मेरी भर्त्सना करेंगे। मुझे शत्रु पक्ष से मिला बताकर मेरा अपमान करेंगे। मुझे विश्वासघाती बताकर अपने राज्य से निकल जाने का आदेश करेंगे। और मेरे शरीर को रक्तरंजित कर देंगे। बस आपको यही कुछ कहना है, आगे मैं सम्भाल लूंगा। इस समय भावुक बनने और मेरे प्रति सम्मान दिखाने की आवश्यकता नहीं है। राज्य के हित में मेरे कथन का पालन करने की आवश्यकता है।

इस गुप्त मंत्रणा के उपरान्त दोनों--राजा मेघवर्ण और प्रधानमंत्री स्थिरजीवी--लड़ते-लड़ते, कुवचन बोलते, क्रोध से उबलते हुए सभा में आये। सभासदों ने स्थिरजीवी को राजा के प्रति आदर बरतने और अपनी मर्यादा में रहने की चेतावनी दी। परन्तु मेघवर्ण उन सभासदों को रोककर स्थिरजीवी पर प्रहार करने लगा। मेघवर्ण और उसके साथियों के आक्रमण से घायल होकर स्थिरजीवी बोला–मैं तुम दोनों को देख लूंगा तथा तुम्हारा सर्वनाश न किया तो मेरा नाम स्थिरजीवी नहीं। यह सारे अपशब्द कहता हुआ वह वहां से भाग खड़ा हुआ।

उलूकों की प्रिय बहन बनी कृकालिका ने तेज उड़ान भरी और आंखों देखी घटना से उलूकराज को परिचित कराया। कृकालिका बोला–

आपका शत्रु अपने प्रधानमंत्री से झगड़ा करके उसे निकाल बैठा। अब वह डरकर अपने परिवार के साथ किसी सुरक्षित स्थान की खोज में निकल पड़ा है।

कृकालिका के वचनों को सुनकर उलूकराज अपने साथियों और परिजनों को रात्रि में ही शत्रु पर धावा करने के लिए प्रोत्साहित करता बोला–भागता शत्रु अपना सुरक्षित स्थान छोड़ चुका है और अपरिमित स्थान में अपने को कभी सुरक्षित अनुभव नहीं करता है। इस स्थिति में यदि उस राजा पर आक्रमण किया जाय तो वह व्यग्र होकर शीघ्र ही वश में आ जाता है।

अपने अनुचरों और साथियों के साथ चलकर उलूकराज ने वटवृक्ष को घेरने और अपने साथियों को शत्रु कव्वों को ढूंढ़-ढूंढ़कर मार डालने

का आदेश दिया। वह अपने लोगों को सम्बोधित करता हुआ बोला–मित्रो! नीतिकारों का कथन है कि किसी कार्य का प्रारम्भ न करना बुद्धिमत्ता का प्रथम लक्षण है और कार्य प्रारम्भ कर देने पर उसे पूरा करके छोड़ना बुद्धिमत्ता का द्वितीय लक्षण है।

स्थिरजीवी ने उलूकराज को अभियान के लिए प्रस्तुत देखकर सोचा–अपना लक्ष्य सिद्ध करने का यही उपयुक्त अवसर है। वह शीघ्र वहां पहुंचकर परन्तु भयमिश्रित स्वर में बोलने लगा–उसकी आवाज को सुनकर उल्लू ज्यों ही उस पर झपट्टा मारने दौड़े, वह कहने लगा–उसके राजा ने ही उसकी यह दुर्दशा की है।

उलूकराज ने स्थिरजीवी को अपने पास बुलाकर दुर्दशा का कारण पूछा तो स्थिरजीवी बोला–महाराज! मेघवर्ण आप पर चढ़ाई करने चला था। मैंने जब आपकी शक्ति का परिचय देकर अपने राजा को अग्नि में पतंगे के समान अपने को नष्ट न करने की सलाह दी तो वह मेरा अपमान करने लगा। राजा के संकेत पर उसके सैनिकों ने मुझ पर प्रहार कर मुझे क्षत-विक्षत कर दिया। मैं अपने प्राण बचाकर किसी प्रकार भागकर आपकी शरण में आया हूं। आप यदि मुझे शरण देंगे और मुझ पर विश्वास करेंगे तो मैं आपके हाथों मेघवर्ण का सपरिवार विनाश करा कर सुख-शान्ति की सांस लूंगा।

स्थिरजीवी की बात सुनकर उलूकराज ने अपने मन्त्रियों के साथ विचार-विमर्श किया। रक्ताक्ष ने कहा–महाराज! इस पर विश्वास मत कीजिये। इसे अपनी योजना में सफल होने से पूर्व ही मार डालिये। हमारा कव्वों के साथ सहज वैर है। यह वैर कभी प्रेम रूप नहीं ले सकता। इस सम्बन्ध में मैं आपको एक आख्यान सुनाता हूं–

OOO

ब्राह्मण और सर्प

किसी नगर में हरिदत्त नामक एक ब्राह्मण निवास करता था। वह कृषि कर्म करता हुआ निष्फल समय व्यतीत करता था। एक दिन वह ब्राह्मण रात्रि के समय व्याकुल हुआ अपने खेत के एक वृक्ष की छाया में सो रहा था। वहां से कुछ दूर पर ही उसने बाबी के ऊपर एक भयानक सर्प को फन फैलाए देखा तो विचार करने लगा, इस क्षेत्र देवता का मैंने कभी पालन किया ही नहीं, इसलिए मेरा कृषि कर्म निष्फल हो जाता है। अतः आज इसका पूजन अवश्य करूंगा। ऐसा निश्चय करके वह कहीं से दूध मांग लाया, उसे एक सकोरे में रख बाबी के निकट जाकर कहने लगा–हे क्षेत्रपाल! मुझे अब तक ज्ञात नहीं था कि यहां आपका निवास है, इसलिए आपका पूजन नहीं कर पाया। इसलिए क्षमा कीजिये। यह कहकर और दूध पिलाकर वह अपने घर आ गया। और जब प्रातःकाल गया तो वहां एक स्वर्ण मुद्रा रखी थी। उस दिन से वह अकेला नित्यप्रति वहां जाता और सर्प को दूध पिलाकर एक स्वर्ण मुद्रा लेकर आ जाता।

एक दिन वह ब्राह्मण अपने पुत्र को बाबी पर दूध पिलाने के काम पर नियुक्त कर किसी और ग्राम को चला गया। तब पुत्र दूध पिलाने के बाद जब दूसरे दिन पहुंचा तो उसने एक स्वर्ण मुद्रा स्वयं ही ग्रहण की। स्वर्ण मुद्रा देखकर वह सोचने लगा–यह बाबी स्वर्ण मुद्राओं से परिपूर्ण

होगी, इसलिए इस सर्प का हनन कर सब स्वर्ण मुद्राएं एक बार में ही ग्रहण कर लूं।

दूसरे दिन उस ब्राह्मण पुत्र ने दूध का सकोरा रखते समय एक लाठी सांप के फन पर दे मारी। दैववश सांप बच गया और क्रोधपूर्वक उस विप्र

पुत्र को ऐसा काटा कि उसकी मृत्यु ही हो गई। फिर उसके स्वजनों ने कुछ दूर खेत में लकड़ी एकत्रित कर उसका मृत्यु संस्कार कर दिया।

दूसरे दिन जब उसका पिता लौटकर आया तो सर्प के कार्य को उचित मानता हुआ बोला—जो शरणागत पर कृपा नहीं करता, उसके निश्चित मनोरथ कमलवन से हंसों के उड़ जाने के समान ही नष्ट हो जाते हैं। उन पुरुषों के पूछने पर ब्राह्मण कहने लगा—

OOO

शरणागत की उपेक्षा

किसी स्थान में चित्ररथ नामक एक राजा राज्य करता था। उसके राज्य में पद्मसर नामक एक सरोवर था जो सदा स्वर्णिम हंसों के निवास से शोभायमान रहता था। वे प्रति छः मास में अपने एक पंख को छोड़ दिया करते थे। एक दिन एक स्वर्णमय वृद्ध पक्षी उस सरोवर में आ गया। उससे वे हंस बोले—तुम हमारे मध्य निवास नहीं कर सकते क्योंकि हमने प्रति छः मास में एक पंख देते हुए इस सरोवर को पाया है। ऐसा कहने के बाद उनमें परस्पर द्वेषभाव की उत्पत्ति हो गई। तो वह पक्षी राजा की शरण में पहुंचकर बोला—देव! सब पक्षियों का कहना है कि राजा हमारा क्या करेगा—हम किसी को भी आवास नहीं दे सकते।

तब राजा ने भृत्यों से कहा—जाओ और सब पक्षियों को प्राण रहित करके यहां ले आओ। राजा का आदेश मिला और वे चल दिये।

हाथ में लाठी ग्रहण किये राजपुरुषों को आता देखकर एक वृद्ध पक्षी कहने लगा—हे स्वजनो! यह कोई शोभा की बात नहीं। अब सब एकमत से तुरन्त ही यहां से उड़ चलो। तब उन्होंने उसी प्रकार किया।

इसलिए मेरा कहना है कि अपने शरणागतों पर जो कृपा नहीं करता, उसके निश्चित मनोरथ कमलवन के हंसों के समान उड़ जाते हैं।

कथा सुनाकर ब्राह्मण पुनः उसी प्रकार दूध लेकर खेत में गया और

उच्च स्वर में सर्प की स्तुति की। किन्तु सर्प तब भी बाबी के भीतर ही बैठा हुआ बोला–तू पुत्रशोक को भी छोड़कर लोभवश यहां आया है। अब मेरे-तेरे मध्य प्रीत रहना अनुचित होगा। तेरे पुत्र के लाठी के प्रहार की चोट अब मैं नहीं भूल सका तो तू भला अपने पुत्र के संतोष को कैसे भुला सकेगा? यह कहकर उसने एक बहुमूल्य मणि उसे दी और 'अब फिर कभी यहां न आना' कहकर पुनः बाबी के भीतर चला गया। तब वह ब्राह्मण भी उस मणि को ग्रहण कर पुत्र को कोसता हुआ पुनः घर आ गया।

कथा सुनाकर रक्ताक्ष ने कहा–अतएव मैं कहता हूं कि इसका वध करने से आपका राज्य निष्कंटक हो जायेगा। उसके इन वचनों को सुनकर उसने क्रूराक्ष से प्रश्न किया–भद्र! तुम्हारा क्या विचार है? उसने कहा–देव! इस प्रकार का मत निर्दयता ही है। क्योंकि शरणागत को नहीं मारना चाहिए। यह कथन यथार्थ ही है और सुनते हैं कि एक कबूतर ने शरण में आये हुए शत्रु को विधिपूर्वक निमंत्रित करके अपने मांस से उसका सत्कार किया। क्रूराक्ष ने कहना प्रारम्भ किया–

○○○

सत्कार

पूर्वकाल में एक अत्यन्त घने वन में एक क्रूर बहेलिया पक्षियों के मांस की खोज में इधर-उधर भटक रहा था। सायंकाल हो जाने पर एक कबूतरी उसके हाथ लगी। इसी बीच वर्षा भी होने लगी। सर्दी से कांपता हुआ और वर्षा से बचने के लिए सुरक्षित स्थान की खोज में भटकता बहेलिया एक वृक्ष के नीचे आकर ठहर गया।

थोड़ी देर में वर्षा थम गई। बादल छंट गये और आसमान साफ हो गया। उसी वृक्ष की शाखा पर बैठा कबूतर अपनी प्रेयसी कबतूरी के न आने पर अत्यन्त चिंतित था। अपनी पत्नी के न आने पर कबूतर थोड़ी ही देर में विलाप करने लगा। पति के वियोग को सुनकर उस वृक्ष के नीचे बहेलिये के बन्धन में बंधी कबूतरी अपने को धन्य मानती हुई बोली–

प्रिय! जब तुम मुझ पर प्रसन्न हो तो मैं समझती हूं कि सारे देवता ही मुझ पर प्रसन्न हैं। सत्य तो यह है कि मंत्री के लिए पति से बड़ा कोई दूसरा देवता है ही नहीं। इस संसार में भाई-बहन, माता-पिता, सबके प्रेम से भी कहीं अधिक मूल्य पति के प्रेम का है। इस प्रकार पत्नी के लिये पति को परमेश्वर बताती कबतूरी बोली–

पतिदेव! अब मैं आपके हित की कहती हूं। आप ध्यानपूर्वक सुनें। जंगल में ठंड और भूख से भटकता वह व्याध संयोगवश हमारा शरणागत

बन गया है। यह भूख-प्यास से दुःखी है। इसकी सेवा करना हमारा गृहस्थ धर्म है। आप यह मत सोचिये कि इसने आपकी पत्नी को बन्दी बना लिया है। वस्तुतः दरिद्रता, रोग, दुःख, बन्धन आदि तो अपने पापों के परिणाम हैं। दुःख देने वाला व्यक्ति निमित्त मात्र है। एक व्यक्ति निमित्त न बनता तो कोई दूसरा बनता। दुःख भोगने वाले को तो दुःख भोगना ही है। अतः मेरे बन्धन की बात भूलकर आप इस बहेलिये के साथ यथोचित कर्तव्य-कर्म का निर्वाह करें।

अपनी पत्नी की बात सुनकर कबतूर ने व्याध के पास आकर उससे

कहा—श्रीमान्! आपका स्वागत है, आप मेरे अतिथि हैं। अतः आप मुझे बताइये कि मैं आपकी क्या सेवा कर सकता हूं।

व्याध ने कहा कि इस समय मुझे बहुत अधिक ठंड लग रही है। किसी प्रकार ठंड से बचने की व्यवस्था कर सको तो अच्छी बात होगी।

व्याध की बातें सुनते ही कबूतर ने उड़ान भरी और उसने व्याध के सामने सूखी लकड़ियों का ढेर लगा दिया। और फिर कहीं से अंगारा

लाकर उन लकड़ियों को आग लगा दी। आग की गर्मी से व्याध को सुख मिला। उसकी कंपकंपी रुक गई और वह सुख का अनुभव करने लगा। घर में अतिथि के लिए कुछ ना होने के कारण कबूतर ने अपने को अभागा बताया।

फिर बोला—अतिथिदेव! आप चिन्ता न करें, मैं अपने आपको आग में फेंकता हूं। आप मेरा मांस खाकर अपनी क्षुधा की निवृत्ति करें। यह कहकर कबूतर ने अपने आपको आग में फेंक दिया।

कबूतर को इस प्रकार आग में जला देखकर व्याध को आत्म-ग्लानि होने लगी। उसने कबूतरी को तत्काल बन्धन-मुक्त कर दिया और शिकार करना छोड़ दिया।

अपने पति के जल जाने से व्यथित कबूतरी स्वयं भी आग में प्रविष्ट हो गई।

उन दोनों के जल जाने से तो व्याध को अपने जीवन से ही विरक्ति हो गई और अपने घर जाने का विचार छोड़कर घने जंगल में प्रविष्ट हो कर कन्दमूल व फल खाकर अपना जीवन बिताने लगा। वहां आगे चलकर उसे दावाग्नि धधकती हुई मिली। तब उसमें पड़कर वह भस्म हो गया और स्वर्ग सुख भोगने लगा।

कथा सुनाकर क्रूराक्ष बोला—महाराज! इसीलिए मैं कहता हूं, शरणागत के सत्कार की कोई सीमा नहीं है।

कथा सुनाकर अरिमर्दन ने दीप्ताक्ष से पूछा—इस स्थिति में आपकी क्या मान्यता है? वह बोला—इसे नहीं मारना चाहिए। क्योंकि एक चोर से गृहस्थ कहता है—जो सदा मुझसे बचती थी, आज वही मेरे कण्ठ से चिपकी हुई है। हे प्रिय! तुम्हारा भला हो! जो मेरा है वही ले लो।

तब चोर बोला—मैं तुम्हारे पास हरण करने योग्य कुछ भी नहीं देखता। जब हरण करने योग्य होगा तब पुनः आ जाऊंगा। अरिमर्दन ने प्रश्न किया—कौन आलिंगन न करती होती, और यह चोर कौन है? मैं इसे विस्तार से सुनने का इच्छकु हूं। दीप्ताक्ष ने कहना आरम्भ किया—

OOO

अवसर का लाभ

किसी स्थान पर कामातुर नामक एक वृद्ध वैश्य का निवास था। उसने अपनी पूर्व पत्नी के मरने पर काम की विह्वलता के कारण प्रभूत धन देकर एक धनहीन वैश्य की सुन्दर पुत्री से पुनर्विवाह किया। किन्तु दुःख से अभिभूत हुई वह स्त्री उस वृद्ध वणिक को देखने से भी बचती थी। यह उचित ही है कि सिर पर श्वेत केशों का होना पुरुषों के तिरस्कृत होने का प्रमुख कारण बनता है।

एक समय जब वह उसके साथ एक शैया पर मुख फेरकर बैठी थी, तभी उसके घर में चोर ने प्रवेश किया। उस चोर को देख भयभीत हुई स्त्री पति से प्रगाढ़ रूप से लिपट गई। उसे बड़ा आश्चर्य हुआ, वह सोचने लगा अहो! यह आज इस प्रकार आलिंगन क्यों कर रही है? उसने कमरे में ठीक प्रकार से देखा तो वह एक चोर था। चोर को देखकर विचार करने लगा–ओह! यह इसी के भय से मेरा आलिंगन कर रही है। यह देखकर उसने चोर से कहा–जो सदा मुझसे दूर भागती थी, वही आज मेरे कण्ठ से लिपट रही है। हे प्रिय चोर! तू मेरा सर्वस्व का हरण कर ले।

यह सुनकर चोर बोला–हरण करने योग्य तेरे पास कुछ भी नहीं। जब होगा तब आऊंगा, जबकि यह आलिंगन न करती होती। इसलिए उपकार करने वाले चोर का भी श्रेय चिन्तन करना चाहिए।

कथा सुनाकर दीप्ताक्ष बोला—उपकार करने वाले चोर का जब इतना बड़ा स्थान है तो शरणागत के सम्मान-सत्कार की तो सीमा ही क्या होगी?

यह सुनकर अरिमर्दन ने वक्रनास नामक एक अन्य सचिव को बुलाया और पूछा—तुम्हारे विचार क्या हैं?

वक्रनास बोला—परस्पर विवाद वाले वैरी भी हितकारी हो सकते हैं। जैसे चोर ने जीवन और राक्षस ने दो बछड़े प्रदान किये थे। उसने कथा आरम्भ करते हुए कहा—

OOO

हितसाधक शत्रु

किसी एक स्थान पर द्रोण नामक एक दरिद्र ब्राह्मण का निवास था, जो दान मात्र से जीविका चलाता था। वह सदा विशिष्ट वस्त्र, अनुलेपन, गन्ध, माल्य, अलंकार, ताम्बूलादि भोगों से रहित एवं बढ़े हुए बाल, मूंछ, नख तथा रोगों से युक्त वायु और वर्षाद के सहने से शुष्क शरीर युक्त हो रहा था। उसे किसी यजमान ने दया सहित दो बछड़े प्रदान किये। ब्राह्मण ने उन बछड़ों का पालन-पोषण किया। उन्हें देखकर सहसा एक चोर सोचने लगा—मैं इस ब्राह्मण के दोनों बछड़ों को अवश्य चुरा लूंगा। ऐसा निश्चय करके वह चोर रात्रि के समय जाल लेकर चल पड़ा। किन्तु आधे मार्ग में पहुंचा होगा, तभी उसे एक भयंकर दैत्य दिखाई पड़ा। उसे देखते ही चोर व्याकुल होता हुआ बोला—आप कौन हैं? उसने कहा—मैं सत्यवाचक नामक ब्रह्मराक्षस हूं। अब तुम भी अपना परिचय दो। वह बोला—मैं क्रूरकर्मा चोर हूं। उस ब्राह्मण के दोनों बछड़ों का हरण करने जा रहा हूं।

तब विश्वस्त हुए ब्रह्मराक्षस ने कहा—भद्र! मैं छठवें दिन भोजन किया करता हूं। और आज उस ब्राह्मण का भोजन करूंगा। यह बहुत अच्छा हुआ कि हमारा-तुम्हारा एक ही कार्य उपस्थित है। तत्पश्चात् वे दोनों वहां पहुंचकर अवसर की प्रतीक्षा करते हुए एकान्त में जा बैठे।

जब वह ब्राह्मण सो गया तब उस राक्षस को विप्र भक्षणार्थ जाता देखकर चोर बोला–भद्र! यह तो अन्याय है। जब मैं बछड़ों का हरण कर लूं तब तुम इसका वध करना।

वह बोला–यदि बछड़ों के शब्द से ब्राह्मण जाग गया तब तेरा उद्यम असफल हो जायेगा।

इस पर चोर ने कहा–यदि तुम्हारे द्वारा भक्षण करने पर कुछ विघ्न पड़ गया तो मेरे बछड़े चुराने के कार्य में व्यवधान आ जायेगा। इसलिए जब मैं इनका हरण कर लूं तब तुम उसका भक्षण करना। इस प्रकार मैं प्रथम, मैं प्रथम-रूपी दोनों में विवाद होने लगा, जिसके कारण ब्राह्मण जाग गया। तब चोर बोला–ब्राह्मण! यह राक्षस तुम्हारा वध करने का इच्छुक है। तभी राक्षस बोला–ब्राह्मण! यह चोर दोनों बछड़ों का हरण करने का इच्छुक है। यह सुनकर उठा हुआ ब्राह्मण। इष्टदेव के मंत्रोच्चारण से राक्षस और लाठी के बल पर बछड़ों के हरण दोनों से ही बच गया। तभी मैं कहता हूं कि–

परस्पर विवाद करने वाले शत्रु भी हितसाधक बन जाते हैं जैसा कि चोर ने जीवन और बछड़े ने राक्षस प्रदान कर दिये। उसके वचन सुनने के पश्चात् अरिमर्दन ने प्रकारकर्ण से कहा–अहो! तुम्हारा क्या मत है?

वह बोला देव! यह मारने योग्य नहीं है। इसकी रक्षा करने से सम्भव है कि परस्पर प्रीति के साथ सुख समय यापन हो जाये।

कथन भी है कि जीव एक-दूसरे के मर्म की रक्षा नहीं करते। वे बाबी में रहने वाले उस सर्प के समान निधन को प्राप्त हो जाते हैं। अरिमर्दन के पूछने पर प्रकारकर्ण कहने लगा–

○○○

विनम्रता

किसी नगर में देवशक्त नामक राजा था। उसक पुत्र निरन्तर दुर्बलता को प्राप्त हो रहा था। जब वह अनेक श्रेष्ठ वैद्यों की श्रेष्ठ चिकित्सा से भी स्वास्थ्य लाभ नहीं कर पाया तब खिन्न होकर अन्य देश को चला गया।

वहां भिक्षाटन करते हुए एक बड़े देवालय में अपना काल यापन करने लगा। उसी नगर में बलि नामक राजा की दो कन्याएं थीं। वे नित्य प्रति सूर्योदय के समय पिता के समीप जाकर नमस्कार किया करती थीं। उनमें से एक कहती, महाराज की जय हो जिसकी प्रसन्नता से हमें सर्व सुख उपलब्ध है। दूसरी कहा करती–महाराज! अपने कर्मफल को भोगिये।

यह सुनते-सुनते राजा एक दिन बहुत प्रकुपित हुआ और बोला–मंत्री! इस कटुभाषिणी कन्या को किसी विदेशी को दे देना चाहिये, जिससे कि यही अपने कर्मफल का भोग करे। उस आदेश के अनुसार मंत्री ने उस कन्या को थोड़े से सेवक-सेविकाओं के साथ रहने वाले राजकुमार को दे दिया। वह भी देववश प्राप्त हुए राजकुमार के साथ उसी देवालय में रहने लगी। कुछ समय बाद प्रसन्न मन से वह अपने पति के साथ किसी नगर को चल दी।

इस प्रकार किसी अत्यन्त दूरस्थ देश में पहुंचकर वहां एक तालाब के निकट अपने राजकुमार को छोड़कर स्वयं खाद्य-पदार्थ की खोज में गई। जब क्रय-विक्रय करके लौटी तो राजकुमार एक बाबी पर सिर रखकर सो गया। उस बाबी के मुख से फन निकाल कर एक सर्प वायु भक्षण कर रहा था। तभी राजकुमार के उदर रूपी बाबी से निकला सांप भी इसी प्रकार करने लगा। तब दोनों एक दूसरे को देखकर क्रोध नेत्र हो गये और बाबी के भीतर वाला बोला—ओ दुरात्मा! सर्वांग सुन्दर राजकुमार को क्यों कष्ट दे रहा है। तब राजकुमार के उदर वाला सर्प बोला—अरे ओ तूने भी बाबी के अन्दर रखे दो स्वर्ण कलश नष्ट कर रखे हैं। बाबी के भीतर वाले सर्प ने क्रुद्ध होकर कहा—अरे दुरात्मन्! क्या किसी को यह औषधि विदित नहीं है कि पुरानी राई की कांजी की सेवा से तेरा विनाश हो जायेगा। यह सुनकर उदर वाला सर्प बोला—क्या किसी को यह विदित नहीं है कि गर्म तेल अथवा खौलता जल डालने से तेरा विनाश हो जायेगा।

ऐसे गर्म वचनों को राजकुमारी पेड़ की ओट में छिपी सुन रही थी। अतएव उसने इसी विधि से दोनों सर्पों का नाश करके अपने पति को स्वस्थ कर, बाबी से सारा धन निकाल लिया और अपने देश को चल पड़ी तथा माता-पिता और स्वजनों से सत्कार पाती हुई सुखपूर्वक रहने लगी।

कथा सुनाकर प्रकारकर्ण कहने लगा—तभी तो मैं कहता हूं कि पारस्परिक भेद की रक्षा न करने पर जीव उदर में रहने वाले सर्प की भांति विनाश को प्राप्त होता है।

यह सुनकर स्वयं अरिमर्दन उसके मत से सहमत हुआ। किन्तु शरणागत की रक्षा वाले इस कार्य को देखकर रक्ताक्ष मन ही मन हंसता हुआ बोला—बड़ा कष्ट है कि तुमने अन्यायपूर्वक स्वामी को नष्ट कर दिया। कथन है कि जहां अपूजनीयों का पूजन और पूजनीयों का सत्कार होता है वहां दुर्भिक्ष, भय और मृत्यु के रूप में तीनों की प्राप्ति होती है। प्रत्यक्ष पाप करने वाले पापी का विनम्रता से मूर्ख शान्त हो जाता है। जैसे कि बढ़ई ने अपनी पत्नी को उसके प्रेमी सहित अपने सिर पर चढ़ा लिया था। मन्त्रीगण बोले—सो कैसे? मन्त्रियों के हठ पर रक्ताक्ष बोला—

OOO

चालबाज पत्नी

किसी नगर में वीखर नामक एक रथ बनाने वाला रहता था। उसकी पत्नी काकदमनी थी, वह व्यभिचारी और कुख्यात थी। उसकी परीक्षा के विचार से रथकार सोचने लगा, इसकी परीक्षा कैसे ली जाये? कथन भी है कि यदि अग्नि में शीतलता, चन्द्रमा उष्ण हो जाये, और दुर्जन हितैषी बन जायें तो ही स्त्रियों के सतीत्व पर विश्वास किया जा सकता है। ऐसा सोचकर उसने अपनी पत्नी से कहा—प्रिये! प्रातःकाल मुझे अन्य ग्राम में जाना है। मुझे वहां कुछ दिनों तक रहना होगा। इसलिए मार्ग के लिए तू कुछ भोजन-सामग्री तैयार कर दे। यह सुनकर वह बड़ी प्रसन्न हुई और उत्कण्ठा वश सब कार्यों को छोड़कर घृत-शक्कर युक्त अन्न बना दिया। यह कथन सत्य है कि पति के परदेश जाने के समय चपला नारी अत्यन्त प्रसन्न होती है।

इस प्रकार वह बढ़ई प्रात: उठकर अपने घर से चला गया। स्त्री भी उसे घर से गया हुआ देखकर श्रृंगार से सुसज्जित हुई और सायंकाल वह अपने पूर्व परिचित प्रेमी से मिलने उसके घर पहुंचकर कहने लगी—मेरा दुरात्मा पति किसी अन्य ग्राम को गया है। इसलिए जब सब सो जायें तब मेरे घर पर आ जाना।

रात्रि को उसके प्रेमी ने वैसा ही किया, जैसा उसने कहा था। इधर

वह रथकार रात्रि को वन में छिपकर सुबह को अपने घर के पीछे के द्वार से होकर शय्या के नीचे घुसकर लेट गया। तभी उसकी पत्नी का प्रेमी देवदत्त आकर उस शय्या पर बैठ गया। उसे देखकर पति सोचने लगा, इसका क्या वध अभी कर दूं अथवा सो जाने पर दोनों का ही वध कर दूं। किन्तु पहले उनकी चेष्टा देखना और बात सुनना भी उचित है। इसी अवसर पर उसकी स्त्री घर का द्वार बन्द कर शय्या पर चढ़ने को हुई, तभी उसका पांव बढ़ई के शरीर को छू गया। वह समझ गई कि वह अवश्य ही मेरा दुरात्मा पति है, जो मेरी परीक्षा के लिए आ छिपा है। इसलिए कोई स्त्रीचरित्र करना चाहिए। वह इस प्रकार सोच ही रही थी कि वह उसके स्पर्श से अभिभूत हो गया।

तब वह स्त्री हाथ जोड़कर बोली–हे महानुभाव ! तुम मेरे शरीर को स्पर्श न करो क्योंकि मैं पतिव्रता महान नारी हूं। यदि तुम मेरी अवहेलना करोगे तो मैं श्राप देकर भस्म कर डालूंगी।

उसने कहा–यदि यह बात थी तो मुझे बुलाया किसलिए था। वह बोली एकाग्र मन से सुनो। प्रातःकाल मैं देवी के दर्शन के लिए चण्डिका मन्दिर में गई थी, तभी आकाशवाणी हुई–पुत्री! क्या करूं, तू मेरी भक्त है, तू छः माह में दैवेच्छ से विधवा हो जायेगी। तब मैं बोली, देवी! जैसे आप विपत्ति को जानती हैं वैसे ही उसके प्रतिकार के उपाय को भी जानती होंगी। तब क्या ऐसा कोई उपाय है जिससे मेरा पति सौ वर्ष के जीवन वाला हो जाये? तब देवी ने कहा वत्से! है और नहीं भी, क्योंकि उसका प्रतिकार तेरे हाथ में है। यह सुनकर मैंने कहा, देवी! अपने पति के प्राणों की रक्षा के लिए मुझे अपने प्राण भी देने पड़ें तो भी मैं दूंगी।

यह सुनकर देवी ने कहा, यदि तू पर-पुरुष के साथ एक शय्या पर लेट कर उसका आलिंगन करे, तब तेरे पति की मृत्यु उस पुरुष में चली जायेगी और तेरा पति सौ वर्ष तक जीवित रह सकेगा। इसलिए मैंने तुम्हें बुलाया है, तुम मेरी इच्छा पूर्ण करो। तब भीतर से प्रसन्न और विकसित मुख वाला वह प्रेमी उस समयोचित आचरण में तत्पर हुआ।

तभी वह मूर्ख रथकार पत्नी के आचरण से पुलकित होकर शय्या से बाहर निकल आया और बोला–हे पतिव्रते! हे कुलनन्दिनी! तू धन्य है!

मैं कुल-निन्दा से शंकित होकर तेरी परीक्षा के उद्देश्य से इस शय्या के नीचे छिपा था। अब तू मेरा आलिंगन कर। तू पतिभक्ताओं में प्रमुख होती है। इतना कह कर वह उसके प्रेमी की ओर मुड़ा और बोला—तुम मेरे पुण्य से ही यहां समागत हुए हो। तुम्हारी ही कृपा से मुझे सौ वर्ष की आयु प्राप्त हुई है। इसलिए तुम भी मेरा आलिंगन कर मेरी पत्नी के साथ मेरे कन्धे पर आ चढ़ो। ऐसा कहकर उसने देवदत्त की इच्छा न होने पर भी उसका आलिंगन कर उसे अपने कन्धे पर चढ़ा लिया।

कथा सुनाकर रक्ताक्ष बोला—तभी तो मैं कहता हूं, प्रत्यक्ष पाप करने वाले पापी का विनम्रता से मुख शान्त हो जाता है। यथार्थ ही कहा है, जो हितकर वाक्यों को त्यागकर विपरीत वाक्यों को आदर देते हैं, वे मित्र रूपी जीव यथार्थ में शत्रु ही समझे जाते हैं।

तब उसके वचनों का आदर न करके उल्लुओं ने स्थिरजीवी को अपने दुर्ग में आश्रय देने का निश्चय कर लिया। स्थिरजीवी ने कहा—आप मेरे लिए क्यों वाद-विवाद कर रहे हैं? मुझे तो आप अग्नि में जलने की अनुमति दे दीजिये, सारा विवाद ही शान्त हो जायेगा।

रक्ताक्ष ने स्थिरजीवी की धूर्तता को भांपते हुए कहा—आप आत्मदाह क्यों करना चाहते हैं? स्थिरजीवी बोला—आप लोगों का पक्ष लेने के लिए मेघवर्ण ने मेरी यह दुर्दशा की है। मैं अगले जन्म में उल्लू योनी में जन्म लेने हेतु इस पापी शरीर को जलाना चाहता हूं।

स्थिरजीवी का कथन सुनकर राजनीति कुशल रक्ताक्ष बोला—तात! आप काफी सयाने लगते हो। लेकिन यह समझ लीजिये कि आप एक उलूक योनी में जन्म हो भी गया तो भी आपको काक शरीर ही उत्तम लगेगा। मानवी बनी एक चुहिया को सूर्य, मेघ, पवन और पर्वत को छोड़कर चूहे को ही पति के रूप में वरण करना पड़ा था। और पुनः मानवी से चुहिया बनना चाहा था। मन्त्रियों द्वारा चुहिया के वृत्तांत और सुनाने की हठ देखता हुआ रक्ताक्ष बोला—

OOO

स्वजाति का मोह

देवनदी गंगा-तट पर यज्ञवल्क्य नामक तपोधन महात्मा रहते थे। एक दिन वह गंगा स्नान कर आचमन करने लगे, तभी उनके हाथ में बाज के मुख से गिरी हुई एक चुहिया आ गई, जिसे उन्होंने बड़ के पत्ते में रख दिया। फिर स्नानादि से निवृत होकर अपवित्र स्पर्श के कारण उन्होंने अपने तप से उस चुहिया को एक सुन्दर कन्या बना दिया। और अपने आश्रम में लाकर अपनी पत्नी को देते हुए बोले—भद्रे! इसे ग्रहण करो, यह तुम्हारी पुत्री हो गई। तब मुनि-पत्नी ने उसका खूब चाव से लालन-पालन किया और जब वह बारह वर्ष की हो गई तो उसे विवाह के उपयुक्त जानकर वह अपने पतिदेव से बोली—मान्यवर! क्या आपको मालूम नहीं है कि इस पुत्री के विवाह का समय व्यतीत हो रहा है। मुनि ने कहा—तुम्हारा वचन उचित है। कहा भी गया है—स्त्रियां प्रथम सोम, गन्धर्व और अग्नि नामक देवताओं द्वारा भोगी जाती हैं, तत्पश्चात मनुष्य उनका भोग करते हैं। इसलिए इसमें कुछ दोष नहीं है। वे तो सर्वथा निर्मल होती हैं। जिसे रज का प्रारम्भ न हुआ हो, वह गौरी, रज प्रारम्भ हो जाने के बाद वह रोहणी और स्त्रियोचित लक्षण प्रकट न होने तक वह कन्या और वक्ष न प्रतीत होने तक नग्निका कहलाती है। आठ वर्ष की अवस्था में कन्या का विवाह होना श्रेष्ठ है। क्योंकि चिह्न प्रकट होने पर कन्या अपने पिता

के पूर्वपुण्य को पयोधरा होने पर परलौकिक पुण्य को, रति योग्य होने पर पुण्य लोकों को और ऋतुमती होने पर पितरों के लोकों को हरण कर लेती है।

कन्या ऋतुमती हो जाये तो उसकी इच्छानुसार वर को देना चाहिये। इसलिए नग्निका का विवाह करना ही श्रेष्ठ है। अतः मैं इसे इसी के समान वर को प्रदान करके विवाह करता हूं। कथन भी है कि समान कुल वालों में ही मैत्री करें। दुर्बल या सबल में नहीं।

यदि इसकी रुचि हो तो भगवान सूर्य को बुलाकर दे दें। पत्नी ने कहा, इसमें क्या दोष हो सकता है। ऐसा ही कीजिये। तब उन्होंने वेदमन्त्रों से सूर्य को आमन्त्रित किया और आदेश दिया–यह कन्या आपको स्वीकार करे तो इसके साथ आप विवाह कर लीजिये। फिर कन्या की ओर देखकर पूछा कि पुत्री! क्या तू इस त्रेकाल्य दीपक भास्कर को स्वीकार करेगी?

कन्या ने कहा–तात्! यह तो अत्यन्त दहनात्मक हैं। इसलिए मैं इन्हें स्वीकार नहीं करती। किसी अन्य श्रेष्ठ वर को चुनिये।

इसके बाद मुनि की आज्ञा से मेघ बुलाए गये। और पूछा हे पुत्री! क्या तू इसको स्वीकार करती हैं?–यह तो काला और जड़ात्मा है। इसलिए इससे भी अधिक कोई और सुन्दर रूप मुझे दे दीजिये। मुनि ने पूछा–क्या तुमसे भी अधिक सुन्दर कोई है? मेघ बोला–मुझसे अधिक वायु है। यह सुनकर मुनि ने वायु को आह्वान किया और कन्या से बोले–क्या तू इन्हें चाहती है? वह बोली–तात्! यह तो अत्यन्त चंचल हैं। इसलिए जो इससे भी अधिक श्रेष्ठ हो, उसे बुलाइये।

मुनि ने पर्वत को बुलाया और पुत्री से पूछा–क्या मैं तुझे पर्वत को दे दूं? उसने कहा, मुझसे भी बली मूषक है जो मेरे शरीर को खोद देता है।

तब मुनि ने चूहेराज को बुलाया और पूछा–पुत्री! क्या मैं तुझे इसको दे दूं। तब उसे देखते ही अपनी जाति का मान कर पुलकित होती हुई कन्या कहने लगी–तात्! मुझे मूषिका बनाकर इसी को प्रदान कर दीजिये जिससे मैं स्वजाति युक्त गृहस्थ धर्म को पाल सकूं। तब मुनि ने तपोबल

द्वारा उस कन्या को चुहिया बनाकर चूहे को दे दिया।

कथा समाप्त करके रक्ताक्ष बोला–सूर्य, मेघ, पवन और पर्वत को पति रूप में स्वीकार न करके ऋषि कन्या स्वजातीय वाले चूहे को वर बनाकर चुहिया बन गई। इस प्रकार स्वजाति का मोह त्यागना अत्यन्त कठिन होता है।

अतएव यदि इसने उसकी बात मानी होती तो ऐसा स्वरूप न बन पाता। इस प्रकार दुर्गद्वार पर जाकर अरिमर्दन ने कहा–हे मेरे हितैषियो! इस स्थिरजीवी को इसकी इच्छानुसार स्थान दो। यह सुनकर स्थिरजीवी ने सोचा, मुझे तो इसको मारने का उपाय सोचना है। और यह कार्य दुर्ग के भीतर रहने से पूरा नहीं हो सकेगा। क्योंकि यह मेरी चेष्टाओं से सावधान हो सकते हैं। इसलिए दुर्गद्वार पर रहने से ही मेरे प्रयोजन की सिद्धि होगी। ऐसा निश्चय कर उसने उलूकराज से कहा–देव! आपका कथन उचित ही है। किन्तु मैं नीतिज्ञ और सहज हितकारी होने के कारण आपके प्रति श्रद्धालु और पवित्र रहते हुए भी दुर्ग के मध्य रहना उचित नहीं मानता। इसलिए आपके दुर्ग पर रहकर ही नित्यप्रति आपकी चरणरज से पवित्रता को प्राप्त होते हुए सेवा में तत्पर रहूंगा। उलूकराज इस बात को भी स्वीकार करते हुए स्थिरजीवी को नित्य प्राते मांस का एक प्रकृष्ट आकार देने लगे। इस प्रकार वह काक वहां पर मोर के समान बली हो गया। उसे इस प्रकार सुपुष्ट होते देखकर विस्मित हुए रक्ताक्ष ने मन्त्रियों और राजा से कहा–अहो! मैं समझता हूं कि यह सब मंत्रिगण मूर्ख हैं। कथन भी है–

"प्रथम तो मैं मूर्ख हूं; दूसरे मूर्खपाश बांधने वाले, फिर राजा, तत्पश्चात् मंत्रीगण–इस प्रकार यहां सब मूर्ख मण्डल ही है। उन्होंने पूछा सो कैसे, तब रक्ताक्ष कहने लगा–

○○○

मूर्ख की शंका

किसी पर्वत के एक प्रदेश में एक महान वृक्ष था। उस पर सिन्धुक नाम के पक्षी का निवास था। उसके मल से स्वर्ण उत्पन्न हुआ करता था। एक बार एक व्याध वहां प्रविष्ट हुआ। पक्षी ने व्याध के सामने मलोत्सर्ग किया। उससे स्वर्ण उत्पन्न होते हुए देख व्याध विचार करने लगा, बालकपन से पक्षियों को पकड़ने के कार्य को करते हुए मुझे अस्सी वर्ष हो गये किन्तु किसी पक्षी के बीट में स्वर्ण कभी नहीं देखा। यह सोचकर उस वृक्ष में जाल डालकर उसने उस पक्षी को फंसा लिया। फिर उसे जाल से निकाल कर पिंजड़े में बन्द कर दिया।

घर जाकर वह सोचने लगा, मैं इस संकटदायक पक्षी का क्या करूं? कहीं कोई जाकर राजा को इसकी सूचना न दे दे। और मेरे तो प्राण ही संकट में पड़ जायेंगे। इसलिए मैं स्वयं जाकर इस पक्षी को भेंट किये देता हूं। तब उसने ऐसा ही किया। राजा भी उस पक्षी को प्रसन्नतापूर्वक देखकर बड़ा पुलकित हुआ और बोला–अहो रक्षको! इस पक्षी को यत्नपूर्वक ले जाओ और इसके खान-पान का पूरा ध्यान रखना। तभी एक मन्त्री बोला–व्याध के अविश्वस्त वचनों से ही इस पक्षी के रखने से क्या लाभ? कहीं पक्षी के बीट में भी स्वर्ण सम्भव है। इसलिए इस पक्षी को बन्धन-मुक्त कर दो। मंत्री के इस वचन पर पक्षी को छोड़ दिया गया। तब

उसने राजद्वार के उन्नत तोरण पर बैठकर स्वर्णमयी बीट की और इन वचनों को बोलता हुआ–प्रथम मैं मूर्ख....सुखपूर्वक आकाश मार्ग से उड़ गया।

दैव की प्रतिकूलता रक्ताक्ष के वचनों को अनादर कर उस काक को विविध प्रकार का मांसाहार देकर पोषण करते रहे। तब रक्ताक्ष ने स्वपक्ष

के उलूकों को बुलाकर उन्हें समझाया–अहो! हमारे राजा का कुशल और उसकी दुर्ग में स्थिति यहीं तक थी। कुल क्रमागत मन्त्री को जो उपदेश देना चाहिए, वह मैं उसे दे चुका। अब हमें किसी अन्य पर्वत पर चलकर आश्रय लेना चाहिए। कथन भी है कि जो अनागत विपत्ति का प्रतिकार करे, वही शोभा पाता है। इस वन में रहते-रहते वृद्धावस्था आ गई। किन्तु बिल की वाणी मैंने कभी नहीं सुनी। वो बोले सो कैसे, रक्ताक्ष कहने लगा–

OOO

गुफा का रहस्य

किसी वन में खरनहर नामक एक सिंह निवास करता था, जो वृद्ध हो जाने के कारण शिकार करने में असमर्थ हो गया। एक दिन सायंकाल तक भटकते रहने पर भी उसे कोई शिकार न मिला। भूख से व्याकुल सिंह अपने घर लौट ही रहा था कि उसने मार्ग में एक गुफा को देखा और सोचा कि मैं इसमें छिपकर बैठ जाता हूं। इसमें रहने वाले पशु के भीतर प्रविष्ट होते ही मैं उसे अपना भोजन बना लूंगा। यह सोचकर सिंह गुफा के भीतर घुसकर अपने शिकार की प्रतीक्षा करने लगा।

इधर उस गुफा में रहने वाला दधिपुच्छ नामक गीदड़ जब अपने निवास पर पहुंचा तो उसे सिंह के पैरों के भीतर घुसने के निशान तो दिखाई दिये परन्तु बाहर निकलने के पदचिह्न नहीं दिखाई दिये। गीदड़ ने निश्चित कर लिया कि गुफा के भीतर अवश्य ही सिंह बैठा है।

दधिपुच्छ गीदड़ ने अपने निश्चय की पुष्टि के लिए जोर से कहा–अरे गुफा! क्या मैं भीतर आ जाऊं? थोड़ी देर मौन रहने पर गीदड़ फिर बोला–अरी ओ गुफा! क्या बात है? प्रतिदिन तो तुम मुझे बुलाती हो। आज तुम्हें क्या हो गया जो बोलती नहीं हो। ठीक है, मैं दूसरी गुफा में चला जाता हूं।

सिंह को गीदड़ की बात का विश्वास हो गया। और वह सोचने

लगा, आज मेरे भय से गुफा मौन है। संभव है कि गीदड़ चला जाये और हाथ आया शिकार भी निकल जाये अतः मैं ही इसे बुलाता हूं। यह सोचकर ज्यों ही सिंह ने आवाज निकाली, गीदड़ भाग खड़ा हुआ और कहने लगा–

इसीलिए कहते हैं कि संकट आने से पूर्व उपाय करने वाला व्यक्ति सुखी रहता है। इसके विपरीत उपेक्षा करने वाला दुःख झेलता है। वन में रहते हुए मुझे बुढ़ापा आ गया परन्तु मैंने कभी गुफा को बोलते हुए नहीं सुना।

इस कथा को सुनाकर रक्ताक्ष बोला–बन्धुओ! यदि गीदड़ बिना सोचे–विचारे गुफा में चला जाता तो उसका सिंह का शिकार बनना

निश्चित था। अतः यदि हम सोच-विचार नहीं करेंगे और समय से पूर्व उपयुक्त पग नहीं उठायेंगे तो हमारा विनाश अवश्य होगा।

इस प्रकार सोच-विचार करके रक्ताक्ष अपने साथियों को लेकर कहीं और चला गया।

रक्ताक्ष द्वारा दुर्ग के परित्याग को स्थिरजीवी ने अपने लिए वरदान

माना क्योंकि उसकी दृष्टि में केवल वही एक बुद्धिमान था। और वही उस पर कड़ी दृष्टि रखता था। अब स्थिरजीवी ने दुर्ग को जलाने के लिए गुप्त रूप से सूखी लकड़ियों को इकट्ठा करना प्रारम्भ कर दिया। स्थिरजीवी लकड़ियों को इस प्रकार रखता गया कि जिससे ऐसा लगे वह अपनी झुग्गी का ही विस्तार कर रहा है। मूर्ख उल्लू स्थिति को वास्तविकता का अनुमान ही ना लगा पाये।

एक दिन जब खूब सारी लकड़ियों को इकट्ठा कर लिया तो दिन के समय स्थिरजीवी ने मेघवर्ण के पास जाकर उसे आग लाकर उसकी कुटिया में डालने के लिए कहा ताकि उल्लू मर भी जायें और बच जाने वालों का स्थिरजीवी पर विश्वास भी बना रहे।

मेघवर्ण ने स्थिरजीवी को पूरा वृत्तांत सुनाने को कहा। स्थिरजीवी बोला–महाराज! यह समय गंवाने का नहीं है। सत्य तो यह है, कि शीघ्र काम करने वालों के विलम्ब से कार्य करने पर देवता अप्रसन्न हो जाते हैं।

स्थिरजीवी के कथन पर काकराज मेघवर्ण अपने दल सहित उलूकराज के दुर्ग पर पहुंच गया और अपनी चोंच में आग ला–लाकर उस दुर्ग में डालने लगे। दुर्ग में आग लगने पर धुएं और घुटन से सारे उल्लुओं का दम घुटने लगा और दिन के प्रकाश में कुछ दिखाई न देने के कारण तथा दुर्ग के द्वार पर स्थित कव्वों के प्रहारों के कारण घुट–घुट कर मर गये। एक भी उल्लू दुर्ग से निकलकर और बचकर न जा सका।

शत्रुओं का विनाश करके मेघराज ने स्थिरजीवी की खूब प्रशंसा की और उनका असीम आदर–सत्कार किया।

स्थिरजीवी ने कहा–महाराज! शत्रुओं के बीच में रहना निस्संदेह बहुत बड़े खतरे का काम है। परन्तु बुद्धिमान व्यक्ति और नीतिकुशलता की परीक्षा भी तो यही होती है। बुद्धिमान व्यक्ति तो वही है जो परिस्थिति देखकर भी अपने शत्रु को अपने कन्धे पर बैठाने में संकोच नहीं करता। मेंढकों के विनाश के लिए मन्दविष सर्प ने यही तो किया था। स्थिरजीवी ने कथा प्रारम्भ की–

OOO

अधीरता का परिणाम

विन्ध्याचल के पश्चिम क्षेत्र में मन्दविष नामक एक सर्प रहता था, जो समय बीतने पर वृद्ध होने के साथ-साथ अशक्त भी हो गया था। उसके लिए प्रतिदिन अपना भोजन जुटाना भी कठिन कार्य था। उसने अपने मन में विचार किया कि कोई ऐसा उपाय ढूंढ़ा जाये जिससे बैठे-बैठे भोजन मिलता रहे।

अपने मन में एक योजना बनाकर मन्दविष नदी के किनारे मेंढकों से भरे एक गड्ढे के समीप जाकर गुमसुम बैठ गया। उसकी इस अवस्था को देखकर एक मेंढक ने पूछ ही लिया--मामा! क्या बात है? इतने उदास क्यों दिखाई दे रहे हो? सांप ने कहा--भद्र! अब तो मेरा खाना-पीना ही जाता रहा। जब दो-चार दिन ही जीना है तो हिंसा जैसे पापकर्म को करने से क्या लाभ? इससे अच्छा तो भूख से तड़पकर मर जाना है। भगवान के भजन में समय लगाने और उपवास करने से कुछ तो प्रायश्चित हो ही जायेगा।

मेंढक की उत्सुकता बढ़ गई। उसने अनुनय करते हुए सर्प से सारा वृत्तांत सुनाने को कहा। सांप बोला--मित्र! कल मैं अपनी भूख को मिटाने के लिए एक मेंढक के पीछे लपका। तो वह उपासना में तीन ब्राह्मणों की मण्डली में छिपकर कहीं बैठ गया। उसका पीछा करते हुए मैंने अज्ञानवश

ब्राह्मण के लड़के का अंगूठा काट लिया। ब्राह्मण ने मुझे शाप दिया–जिस मेंढक के अहित में तुमने मेरे लड़के का अंगूठा काटा है, उसी मेंढक के तुम वाहन बनोगे और उसी से तुम्हारी आजीविका चलेगी। तब मैं तुम लोगों का वाहन बनने के लिए यहां बैठा हूं।

मेंढक ने यह सुनते ही अपनी जाति वालों को ज्यों ही यह शुभ समाचार सुनाया, ज्यों ही सभी मेंढक मैं पहले, मैं पहले करते, धक्का मारते सांप की पीठ पर सवार हो गये। सांप ने उन्हें शीघ्रता से तालाब से दूर बहुत सूखे स्थान पर ले जाकर, अपनी गति को शान्त कर दिया।

मेंढक के नेता के कारण पूछने पर उसने भूख, थकावट और अधिक बोझ को कारण बताया। स्थिति की विषमता को देखकर नेता ने सांप को कुछ मेंढकों को खाने का आदेश दे दिया।

मेंढकों को खाकर सांप थोड़ी दूर जाकर फिर शिथिल हो गया। वह भूख, थकावट और अपनी पीठ पर अधिक बोझ का रोना रोने लगा। नेता ने फिर कुछ मेंढकों को खाने की अनुमति दे दी। बस फिर क्या था, क्रम चलता रहा और एक दिन सभी मेंढक सांप के पेट में चले गये।

मंदविष को मेंढकों का वाहन बना देखकर जब एक दूसरे सर्प ने उस पर व्यंग किया और उसके इस कार्य को जाति के लिए अपमानजनक बताया तो मन्दविष बोला–मित्र! मैं यह जानता हूं कि मेरे लिए यह सब अपमानजनक है। किन्तु मैं तो घृतान्त पंडित की तरह उपयुक्त समय की प्रतीक्षा कर रहा हूं। उसने घृतान्त की कथा प्रारम्भ की–

OOO

उपयुक्त अवसर

किसी नगर में यज्ञदत्त नामक एक सीधा-सादा ब्राह्मण रहा करता था। उसकी स्त्री व्यभिचारिणी थी। वह प्रतिदिन अपने घर से पकवान बनाकर अपने प्रेमी के पास ले जाया करती थी। एक दिन ब्राह्मण ने साहस करके अपनी पत्नी से पूछ ही लिया—दुष्टे! प्रतिदिन मेरी कमाई जिस दुष्ट को खिलाती हो? धूर्त स्त्री ने अविचलित होते हुए अपने पति से कहा—मैं तो देवी का एक अनुष्ठान कर रही हूं। इसी उपलक्ष्य में प्रतिदिन पकवान बनाकर देवी के मन्दिर में ले जाती हूं। विश्वास न हो तो चलकर स्वयं देख लो।

ब्राह्मण यह सुनकर मौन हो गया और धूर्त स्त्री पति द्वारा पीछा किये जाने की आशंका से देवी मन्दिर को ही चल दी। सामान मन्दिर पर रख कर वह नदी पर स्नान करने को गई तो ब्राह्मण अपनी पत्नी के अनुष्ठान को देखकर उत्सुकता से छिप गया।

स्नान करके लौटी स्त्री देवी से प्रार्थना करने लगी—हे देवी! कोई ऐसा उपाय बताओ जिससे मेरा पति अंधा हो जाये। ब्राह्मण ने देवी के स्वर में आकाशवाणी की—तुम उसे प्रतिदिन पकवान खिलाओ, वह दो सप्ताह में अन्धा हो जायेगा। अब वह स्त्री अपने पति को प्रतिदिन पकवान खिलाने लगी। दो सप्ताह के बीतने पर अभी एक दिन शेष था कि ब्राह्मण

ने कुछ दिखाई न देने का ढोंग रचा। धूर्त स्त्री ने इसे देवी के वचन की सफलता मानकर संतोष किया।

पति को अन्धा मानकर व्यभिचारिणी ब्राह्मणी अपने यार को घर ले आई और उसके साथ खुलकर खेलने लगी। यह सब देखकर अन्धेपन का ढोंग रखे उस ब्राह्मण ने लाठी उठाकर उस पुरुष को पीट-पीटकर अधमरा कर दिया और फिर तीखी छुरी से ब्राह्मणी की नाक काट कर उसे घर से निकाल दिया।

इस कथा को सुनाकर मन्दविष सर्प बोला–मैं भी समय की प्रतीक्षा में हूं। उपयुक्त समय पर सबको अपना भोजन बना लूंगा। और फिर यही सब उसने कर लिया।

इन आख्यानों को सुनकर स्थिरजीवी बोला–महाराज! इसलिए मैं कहता हूं कि परिस्थितियों को देखकर शत्रु को भी कन्धे पर बैठाना पड़ता है। वस्तुत: जिस प्रकार मेंढक ने छल-बल से अपने शत्रुओं का विनाश

किया, उसी प्रकार मैंने भी कर दिया। जिस प्रकार अग्नि सम्पूर्ण वन को तो जला सकती है परन्तु उसकी जड़ों को नहीं, वहीं दूसरी ओर मृदु तथा शीतल जल जड़ों को नष्ट कर पूरा वृक्ष गिरा देता है। ठीक इसी प्रकार युद्ध से शत्रुओं को पराजित तो किया जा सकता है पर समूल नष्ट नहीं किया जा सकता। इसके विपरीत छल-कपट से बिना रक्त बताए शत्रु का समग्र रूप से विनाश किया जा सकता है। तभी तो नीतिकारों का कथन है–

"शस्त्रों से केवल शत्रु के शरीर का विनाश होता है, परन्तु बुद्धि से शत्रु के वंश, वैभव और यश का भी नाश होता है।"

महाराज अब शत्रुओं के पूर्ण विनाश होने से आप निश्चिन्त होकर रात्रि में सो सकेंगे। स्थिरजीवी ने आगे कहना आरम्भ किया–तीक्ष्ण उपायों से प्राप्त वस्तु के लिए पहले कोई संशय ग्रहण न करें। क्योंकि वन में स्थित उतंगु अग्रभाग वाले वृक्ष का पूजन पहले होता है। इसके पश्चात उसे काटा जाता है। सर्प रहित अथवा सर्प के पकड़े जाने पर भय रहित घर में सुख से नींद आती है। क्योंकि जहां सर्प सदा देखा जाये वहां नींद दु:ख से ही आती है। इसलिए अब आरम्भिक कार्य को कर मेरा हृदय विश्राम को प्राप्त हुआ है। अब आप कटक रहित राज्य एवं प्रजा पालन करते हुए पुत्र-पौत्रादि के क्रम से प्राप्त अचल छत्र वाले सिंहासन और राज्य का चिरभोग करें। जो राजा गुणों से अनुरक्त, व्यसनों में आदर रहित, श्रेष्ठ मूल्यों में स्नेह वाला एवं चंचल वस्त्र, और श्रेष्ठ युक्तियों से आभूषित है वही राजा चिरकाल तक राज्य भोग करता है।

मुझे राज्य की प्राप्ति हो गई, यह मानकर अहंकार के मद से आत्मा को धोखा न दे क्योंकि राजा का वैभव चलायमान होता है। क्योंकि बांस पर चढ़ने के समान यह लक्ष्मी दुष्प्राप्य, क्षण-भर में नष्ट होने वाली, धोखा देने वाली, वानरों के समान चंचल चित्त वाली, पानी के बुलबुलों के समान स्वत: नष्ट होने वाली होती है।

इस प्रकार मदमत्त गज के समान चपला राज्य लक्ष्मी को प्राप्त कर न्यायनिष्ठा सहित उसे भोगो।

OOO

वानर का पुनर्जन्म

किसी वृक्ष के किनारे सदाफल देने वाला एक विशाल जामुन का पेड़ था। उस पर रत्नमुख नामक एक वानर रहा करता था। कदाचित् करलमुख वाला एक मगर निकल कर उस सागर के किनारे बालू पर आ गया। उससे रत्नमुख ने कहा—अहो! आप मेरे गृह पर अतिथि के रूप में आये हैं, इसलिए मेरे द्वारा प्रदान इन अमृत जामुनों का भक्षण कीजिये। कथन भी है कि अतिथि से विद्या, गोत्र और कुल नहीं पूछना चाहिये। अतिथि को पूजने वाला परम गति को प्राप्त होता है। जिसके घर से अतिथि मुख फेरकर निकल जाये, उस घर से देवगण मुख फेरकर निकल जाते हैं।

यह कहकर रक्तमुख ने उसे जामुन दिया जिसे खाकर बहुत देर तक वह गोष्ठी के सुख का आनन्द लेता रहा।

इस प्रकार वह मगर और वानर अब गहरे मित्र हो गये। मगर प्रतिदिन वानर द्वारा जामुनों को खाकर आनन्दित होता और बचे हुए जामुनों को घर ले जाकर अपनी पत्नी को भी खिलाता।

एक दिन स्त्री ने उससे पूछा—नाथ! इन अमृत फलों को आप कहां से लाते हैं? उसने उत्तर दिया—भद्रे! एक रत्नमुख नामक वानर मेरा परम मित्र है। वही प्रीतिपूर्वक इन फलों को मुझे देता है।

स्त्री बोली–सदैव ऐसे अमृतमयी जामुनों का भोग करने वाले का हृदय भी कितना मीठा और रसीला होगा। अतः यदि तुम अपनी पत्नी से प्यार करते हो तो मुझे उसका हृदय ला दो जिसको खाकर मैं मृत्यु रहित हो जाऊँ।

उसने कहा–भद्रे! ऐसा न कहो। क्योंकि वह फल देने वाला वानर मेरा परम मित्र है। मैं उसे मारूं यह सम्भव नहीं। इसलिए इस मिथ्याग्रह को छोड़कर शान्तिपूर्वक बैठो। कथन भी है कि माता के द्वारा एक पुत्र उत्पन्न होता है और वाणी के द्वारा दूसरा। विद्वानों का कथन है कि वाणी के द्वारा उत्पन्न पुत्र सहोदर से भी अधिक बन्धु के समान होता है।

तब मगरी ने कहा–तुमने मेरे वचनों को कभी व्यर्थ नहीं जाने दिया है। इससे सिद्ध होता है कि वहां अवश्य कोई वानरी होगी जिसके प्रेम में व्यथित होकर तुम ऐसा कह रहे हो। तुम पूरे धूर्त निकले, तुम्हारे हृदय में मेरी जैसी कोई अन्य प्रियतमा निवास कर रही है।

यह सुनकर पत्नी को अत्यधिक प्रेम करने वाले मगर का हृदय भर आया और अपनी पत्नी के चरणों को पकड़ कर बोला–तुम्हारे पांव पर गिरने और किंकरत्व को प्राप्त होने पर भी मुझ पर प्रकोप क्यों कर रही हो?

इस बात को सुनकर अश्रुप्लावित मुख वाली स्त्री कहने लगी–हे धूर्त! चरणों में गिरने की विडम्बना भी व्यर्थ है। यदि वहां कोई तुम्हारी वल्लभा न होती हो मेरे इतना कहने पर भी तुम उसे क्यों नहीं मार डालते। यदि आज उसका हृदय मुझे भक्षणार्थ न मिला तो मैं कुछ नहीं खाऊंगी। इस प्रकार उसके दृढ़ निश्चय को जानकर मगर ने चिन्ताकुल हृदय से कहा–महामूर्ख नारी, कर्कट और मीन प्रबल हठ वाले होते हैं। इन्हें समझा लेना खेल नहीं है। क्या करूं? उसका कहा कैसे करूं? यह सोचता हुआ वह मगर वानर के पास गया। वानर ने जैसे ही उसे देखा, उद्वेगयुक्त हो गया। कहने लगा–हे मित्र! आज विलम्ब कैसे हो गया? तुम प्रसन्नचित्त क्यों नहीं दिख रहे हो?

यह सुनकर मगर अश्रुप्लावित नेत्रों से बोला–हे मित्र! तुम्हारी भाभी ने आज मेरी अत्यन्त कठोर शब्दों में भर्त्सना की है। उसका कहना है कि

मैं तुम्हारे घर आकर प्रतिदिन भोजन करता हूं परन्तु तुमको कभी घर पर नहीं बुलाया। इसलिए आज तुमको अपने घर दावत पर बुलाया है। तुम्हारे विषय में कलह होने के कारण ही मुझे आज इतना विलम्ब हुआ है।

वानर ने सान्त्वना देते हुए कहा—हे मित्र! भाभी ने उचित ही कहा है। लेना-देना, भोजन कराना, कुशल-क्षेम पूछना, गोपनीय बात पूछना, और उसके घर भोजन करना प्रीति के यही छः लक्षण हैं।

किन्तु मैं वन में रहने वाला जल में स्थित तुम्हारे घर कैसे जा सकता हूं? इसीलए तुम्हीं भाभी को यहां ले आओ जिससे मैं उन्हें प्रणाम करके आशीष प्राप्त कर लूं। उसने कहा—हे मित्र! समुद्र-तट पर अत्यन्त सुरम्य स्थान पर मेरा घर है अतएव तुम मेरी पीठ पर चलकर चले चलो। यह सुनकर हर्षित हुए वानर ने कहा—मित्र! यदि ऐसा है तो फिर विलम्ब क्यों? शीघ्र चलो, मैं तुम्हारी पीठ पर चढ़ता हूं। ऐसा करके चल देने पर, अगाध समुद्र में चलते हुए मगर को देखकर भयग्रस्त मन से वानर कहने लगा—भाई! शनैः-शनैः चलो! जल की लहरें मेरे शरीर को प्लावित कर रही हैं। यह सुनकर मगर सोचने लगा, यह इस अगाध जल में आकर मेरे वश में पड़ गया है। और अब मेरी पीठ से तिल-भर भी खिसकने में समर्थ नहीं है। इसलिए इस पर अपना अभिप्राय प्रकट कर दूं, जिससे कि यह अपने इष्टदेव का स्मरण कर सके।

मगर ने कहना आरम्भ किया—मित्र! मैं अपनी पत्नी के वचनों का विश्वास दिलाकर ही तुम्हें वध करने के लिए ही यहां लाया हूं। इसलिए अपने इष्टदेव का स्मरण कर लो।

वानर बोला—भाई! क्या मुझसे तुम्हारे या तुम्हारी पत्नी के लिए कोई अपकार हो गया जो तुम मेरा वध करने यहां लाए हो?

मगर ने कहा—अहो! वह अमृतफल के रसास्वादन से मीठे हुए तुम्हारे हृदय को खाना चाहती है। इसलिए ऐसा करना पड़ रहा है। तुरन्त बुद्धि उत्पन्न होने पर वानर ने कहा—भद्र! यदि ऐसा है तो तुमने मुझे पहले ही क्यों नहीं बता दिया? मैंने अपना हृदय जामुन के वृक्ष के कोटर में छिपा रखा है। तुम यदि मुझे पहले बता देते तो उसे वहीं अपनी भाभी को अर्पण कर देता।

यह सुनकर आनन्दित हुआ मगर बोला–भद्र! यदि ऐसा है तो चलकर मुझे अपना हृदय प्रदान कर दो जिससे मैं अपनी दुष्ट भार्या को संतुष्ट कर सकूं।

वृक्ष के समीप पहुंचकर वानर लम्बी छलांग लगाकर वृक्ष पर चढ़ गया और विचार करने लगा–अहो! प्राण बच गये अथवा यथार्थ ही कहा गया है कि अविश्वस्त का विश्वास तो न करे किन्तु विश्वस्त का भी पूरा विश्वास नहीं करना चाहिए। क्योंकि विश्वासजनित भय मूल को नष्ट कर देता है। अतएव आज मेरे पुनर्जन्म का ही दिवस है। वानर को ऐसा विचार करते देखकर मगर बोला–हे मित्र! मुझे अपना हृदय प्रदान करो जिसे खाकर तुम्हारी भाभी अपना हठ समाप्त कर सके।

तब वानर ने हंसकर उसकी भर्त्सना करते हुए कहा–मूर्ख! विश्वासघाती! धिक्कार है तुझ पर! क्या किसी के हृदय भी दो होते हैं? अतएव इस जामुन वृक्ष के नीचे से तुरन्त चला जा और फिर कभी लौट कर मत आना।

OOO

डरपोक सियार

किसी प्रदेश में सिंह दम्पत्ति का निवास था। सिंह के दो पुत्र थे। सिंह नित्यप्रति मृगों शिकार किया करता था। एक दिन सूर्यास्त होने तक भी घूमने पर उसे कुछ न मिला। केवल घर लौटते समय उसे एक श्रृगाल का शिशु मिला जिसे उसने सिंही को लाकर दे दिया। तब सिंही बोली–हे कान्त! क्या मेरे लिए भी कुछ भोजन लाये? सिंह ने कहा–हे प्रिय! आज तो इस श्रृगाल के शिशु के अतिरिक्त कुछ भी प्राप्त नहीं हुआ। और बालक जानकर इसका वध भी न किया। वैसे यह स्वजातीय भी है। कथन भी है कि स्त्री, विप्र, साधु और बालक पर कभी प्रहार न करे।

अतः इस समय इसका भक्षण कर पथ्य करो, सुबह कुछ लाऊंगा। उसने कहा–हे कान्त! जब तुम्हीं ने इसे बालक समझकर छोड़ दिया तो मैं इसे अपनी उदरपूर्ति के लिए कैसे नष्ट कर दूं। इसलिए यह मेरा तृतीय पुत्र रहेगा। यह कहकर उसने उसे भी अपने दुग्ध से परिपुष्ट दिया।

वे तीनों बालक अपनी जाति का ध्यान न रखते हुए, समान आचरण से विहार करते हुए बाल्यावस्था बिताने लगे। एक दिन विचरण करता हुआ एक हाथी उस वन में आया, जिसे देखते ही वे दोनों सिंह–पुत्र उसकी ओर बढ़े। तभी श्रृगाल–पुत्र बोला–अहो! यह हाथी तुम्हारा कुल शत्रु है। इसके अभिमुख न जाओ। यह कहता हुआ वह घर की ओर भाग चला।

वे दोनों भी अपने ज्येष्ठ बन्धव को भागता देखकर उत्साहरहित हो गये। कथन भी है कि युद्ध में एक भी धीरजवान उत्साहरहित होता है तो पूरी सेना ही पलायन कर जाती है। इसलिए राजागण महाबली वीरों की इच्छा से शूरवीरों को संग्रह कर कायरों को त्याग देते थे।

तब उन दोनों ने घर पहुंचकर पिता के समक्ष अपने ज्येष्ठ भाई की कायरता का खूब उपहास उड़ाया और सारी घटना का वर्णन कर दिया।

यह सुनकर वह अत्यन्त क्रोधित होता हुआ बोला—क्या मुझमें शौर्य और बल की कमी है जो तुम दोनों मेरा मजाक उड़ा रहे हो? मैं आज तुम दोनों का अवश्य वध कर दूंगा। यह सुनकर मन ही मन हंसती हुई सिंही उसको एकान्त में ले गई और कहने लगी—वत्स! तू शृगाली-पुत्र है। मैंने कृपापूर्वक तुझे दूध पिलाकर तेरा लालन-पालन किया है। अतः जब तक मेरे यह पुत्र बाल्यावस्था के पश्चात् तेरा शृगाल होना जानें, तब तक तू यहां से भाग ले और स्वजातियों के मध्य चला जा। अन्यथा इन दोनों से तिरस्कृत होकर तुझे मृत्यु मार्ग देखना पड़ेगा। वह शृगाल भयातुर होकर शनैः-शनैः अपने मार्ग पर चलता स्वजाति में जा मिला।

OOO